本书系纪念中华人民共和国成立 70 周年丛书之一

浙江省新型政商关系"亲清"
指数研究报告(2019)

陈寿灿　徐越倩　等 著

浙江工商大学出版社
ZHEJIANG GONGSHANG UNIVERSITY PRESS
·杭州·

图书在版编目(CIP)数据

浙江省新型政商关系"亲清"指数研究报告. 2019 / 陈寿灿等著. — 杭州:浙江工商大学出版社,2020.8

ISBN 978-7-5178-3640-7

Ⅰ. ①浙… Ⅱ. ①陈… Ⅲ. ①行政干预—区域经济—研究报告—浙江—2019 Ⅳ. ①F127.55

中国版本图书馆 CIP 数据核字(2019)第 297996 号

浙江省新型政商关系"亲清"指数研究报告(2019)

ZHEJIANG SHENG XINXING ZHENGSHANG GUANXI "QINQING" ZHISHU YANJIU BAOGAO(2019)

陈寿灿　徐越倩　等著

责任编辑	谭娟娟
封面设计	林朦朦
责任印制	包建辉
出版发行	浙江工商大学出版社
	(杭州市教工路198号　邮政编码310012)
	(E-mail:zjgsupress@163.com)
	(网址:http://www.zjgsupress.com)
	电话:0571－88904980,88831806(传真)
排　　版	杭州朝曦图文设计有限公司
印　　刷	杭州高腾印务有限公司
开　　本	710mm×1000mm　1/16
印　　张	9.25
字　　数	150 千
版 印 次	2020 年 8 月第 1 版　2020 年 8 月第 1 次印刷
书　　号	ISBN 978-7-5178-3640-7
定　　价	39.80 元

总　序

　　从 70 年前毛泽东同志在天安门城楼上庄严宣告中华人民共和国成立，到如今社会主义中国巍然屹立在世界东方，中华民族再一次创造了人类历史上的伟大奇迹。 站在 2019 年的时代节点，回顾以往，梳理总结中华人民共和国成立 70 年以来的发展经验，开辟国家富强与民族复兴之新境，是时代赋予中华儿女的责任。

　　钱塘自古繁华，文明薪火相传。 浙江是中国革命红船启航地、改革开放先行地、习近平新时代中国特色社会主义思想重要萌发地。 浙江这 70 年的发展，是全方位的发展，更是特色鲜明的发展。 特别是改革开放以来，浙江一直是当代中国发展的潮头阵地，"温州模式""义乌模式"等彰显了当代浙江经济、社会发展的巨大成就；20 世纪 90 年代以来，以马云为代表的浙商更是创造了浙江发展的新景观：作为浙江省会的杭州已经发展成为世界电子商务中心、全球移动支付大本营、"一带一路"倡议与"长三角一体化"发展战略的交会地。

　　当代浙江在各个领域取得的成就为世界瞩目，这种成就既得益于中华优秀文化，也得益于之江山水所培育的浙学传统。 浙学传统是涵养浙江精神的源头活水，也是促进浙江当地社会文化与经济发展的文化力动因。 浙商文化是浙商之魂，崇义养利的价值逻辑、知行合一的认知逻辑、包容开放的行为逻辑，促使一代又一代浙商搏击商海、乘风破浪、勇立潮头，闯出了敢为人先的新路，书写了创业创新的传奇，承载了浙江发展的荣光。 义利相和、知行合

一、创新融汇的浙学特质是浙商精神的深层文化内蕴。 从"走遍千山万水、吃尽千辛万苦、说尽千言万语、想尽千方百计"的"四千精神",到"千方百计提升品牌、千方百计保持市场、千方百计自主创新、千方百计改善管理"的"新四千精神",再到以"坚忍不拔的创业精神、敢为人先的创新精神、兴业报国的担当精神、开放大气的合作精神、诚信守法的法治精神、追求卓越的奋斗精神"为内涵的新时代浙商精神,都已融入浙商群体的血脉里,化作浙商群体的优秀基因,促使浙商跨出省界、国界,成为具有全球影响力的商帮。 而浙商世界化及随之而来的浙学传统、浙江精神的世界化,实质上也表征了中华文化走向世界、中国经验走向世界的文化景象。

"国家当富强,始基端在商。"浙江工商大学作为浙江省重点建设大学,同时也是省政府与教育部、商务部共建的大学,总结浙商发展、传承浙商文化、引领浙商发展,是它的天然使命。 我们不会忘记,100多年前浙江工商大学的先贤们在实业兴国呼号中为实现救亡图存、国富民强的创校初心;我们不会忘记,15年前时任浙江省委书记习近平在视察学校时对学校提出要在"全国有位置、全省很重要"的殷切期望。 而今,把大商科人才培养好,让学校早日进入"双一流"建设大学的行列,既是全体商大人的历史担当,也是全体商大人的共同梦想。 作为浙江工商大学的学者,我们当然要总结和记录浙江70年的发展历程,以及浙江70年围绕"商"的发展历程。 为此我们设计和组织编写了"中华人民共和国成立70周年浙商研究院智库丛书",梳理、总结浙江70年以来在"商"领域所取得的成就、收获的经验。

《勇立潮头:浙江高水平现代化建设研究》一书介绍了浙江高水平现代化建设的经验和成效。 近5年来,浙江现代化建设规模不断扩大,质量不断提升,创业生态环境不断优化,就业工作成绩显著。 站在新的起点上,该书系统总结了浙江高水平现代化建设的经验,并面对新的矛盾和挑战、新形势、新变化,提出了相应的政策建议,为实现浙江"高水平全面建成小康社会和高水平推进社会主义现代化建设"的目标提供参考。《浙江省新型政商关系"亲清"指数研究报告(2019)》一书总结了浙江在构建新型浙商关系方面的经验,构建了浙江新型政商关系"亲清"指数的指标体系,并对浙江11个城市进行指数评价,为浙江"亲清"政商关系优化提供了改进方向。《亲清政商:

寻求政府与商会的策略性合作》一书系统回顾了中华人民共和国成立以来我国政府与商会关系发展的历史脉络与演进逻辑，从 3 个方面提出政府与商会"策略性合作"的分析框架，并站在历史新起点上提出政府与商会展开合作治理的路径。

《大国经贸：新国际贸易冲突理论构建与中美经济关系》一书建立和发展了适应世界经济发展形势和生产技术水平的新贸易冲突理论，以更好地解释中美国际贸易摩擦及 21 世纪国际贸易冲突问题，在重构全球贸易规则和经济贸易体制、促进世界经济贸易格局的健康发展等方面提出了相应建议。《跨境电商：数字经济第一城的新零售实践》一书深入探讨了杭州跨境电子商务综合试验区的成功经验，总结了杭州在解决数字经济体制性难题方面的先行先试经验，为基于大数据分析的政府管理创新提供经验借鉴，以推进杭州成为"世界商店"在中国的主窗口，成为中国数字经济第一城。《卓越流通：数字经济时代流通业高质量发展与浙江经验》一书在全面回顾我国电子商务及跨境电商发展历程、趋势与动因的基础上，从微观、中观和宏观的角度系统阐述了跨境电商的相关理论；在总结我国跨境电子商务综合试验区试点成效与存在问题的基础上，系统阐述我国跨境电子商务综合试验区试点的主要内容和实践创新。

《撬动全球：复杂制度环境下浙商海外直接投资研究》一书梳理了浙商全球化发展的文化、经济与政策环境，总结了浙商海外直接投资所取得的成就及在合法性获取和高端资源获取方面的经验，并提出了浙商海外直接投资高质量发展的具体策略。《品质民生：浙江民生服务的创新与发展》一书以全球公共服务改革为基本背景，系统总结分析了浙江省自中华人民共和国成立以来在民生方面的发展历程、发展的阶段性特征和取得的主要成就，系统阐述近70 年来尤其是 21 世纪以来在民生方面的创新实践，并对未来构建以人民为中心的高质量发展型服务体系提出了框架性展望。《文旅融合：理论探索与浙江产业发展实践》一书从理论上建构了文化产业与旅游产业的耦合机制与模式，并利用翔实的案例分析了文化产业和旅游产业耦合发展的问题及解决对策。

百余年前，历史风云如澎湃的钱江大潮汹涌而来，留学东京的蒋百里为《浙江潮》撰写的发刊词，成了鼓舞人心的战斗号角。其中写道："可爱哉！

浙江潮。 挟其万马奔腾，排山倒海之气力，以日日激刺于吾国民之脑，以发其雄心，以养其气魄。 二十世纪之大风潮中，或亦有起陆龙蛇，挟其气魄，以奔入于世界者乎？"青春的追问与腾飞的梦想依然在天空回荡，它折射出历史的光彩，唤醒了记忆，让人缅怀。 令人欣慰的是，中华人民共和国成立70年以来，浙江的实践与发展成就对此做出了最好的回答。 我们为浙江的今天而振奋，也期待浙江的明天更美好。

　　虽然是系列丛书，但是我们并不追求面面俱到，而是利用浙江工商大学的研究积累对浙江70年"商"的特色进行了基于不同角度的透析。 在总结浙江经验的同时，我们更希望这些经验能够为浙江未来的高质量发展提供借鉴。

　　是为序。

陈寿灿

2019 年 11 月 30 日

前　言

政商关系是一个古老而又常青的话题，在熙熙攘攘人来人往之中，政商关系因时而进，因势而新。 狭义而言，政商关系主要指政府（官员）与企业（商人）之间的关系；但从更广泛的范围看，政商关系指的是现代国家中政府与市场两大系统之间的权责边界及其互动关系，其中涉及经济主体的运行、政府职能的发挥、企业主体的行为及由此所形成的营商环境，而且还包括不同的营商环境所带来的结果。 如何认识和处理两者之间的关系，是现代国家普遍面临的问题，关乎政府在其与资本的相互依赖关系中的和解、和谐与公正，关乎国家治理体系与治理能力的现代化实现。 在学理层面，政商关系是一个综合性的研究课题，它是近代以来政治学、经济学学科研究的核心议题，需要法学、伦理学、社会学、统计学等学科在理论与方法上的融通与支撑。

改革开放 40 余年，中国经济建设成就斐然，究其原因，离不开经济体制改革的持续推进。 纵览中国经济体制改革的历程，其核心主线正是不断优化政府与市场的关系、完善社会主义市场经济体制的过程。 党的十八届三中全会指出，经济体制改革仍然是全面深化改革的重点，经济体制改革的核心仍然是处理好政府与市场的关系。 中国特色社会主义进入新时代，如何进一步推动经济体制改革，使政府与市场的关系进一步合理化、规范化、制度化，为经济社会发展提供持续动力和营造良好环境，是国家治理现代化的重要内容。

新型政商关系的构建，离不开对政府（官员）与企业（商人）关系的规范，但从根本上来说，是要通过深化改革，不断规范政府与市场两大系统的关系，从根本上为政商关系的健康发展夯基育壤。其不仅要求政府（官员）与企业（商人）之间既清白又亲近，更要求政府与市场两大系统之间边界清晰又相互统一。只有从制度上不断优化政府与市场的关系，才能从根本上为政府（官员）与企业（商人）之间的"亲""清"关系固本疏源。深入研究新型政商关系，需要从官员与商人、政府与企业、政府与市场等政商关系的几个维度抽丝剥茧。

浙江是中国改革开放的先行地，作为民营经济大省，浙江政商关系的发展具有典型意义。改革开放以来，作为资源小省的浙江，通过不断释放和激发民间活力，一跃成为中国经济发展的模范生。如今遍布海内外的浙商，已然成为浙江经济的重要标签，也成了中国特色社会主义市场经济发展的重要缩影。浙江民营企业的发展，是浙商群体辛勤耕耘、不懈奋斗的结果，其中离不开国家改革开放的宏观背景，也离不开浙江各级党委政府的保护、支持和引领。正是在不断探索和认识政商关系、优化政府与市场关系的基础上，浙江民营企业从无到有、由弱到强，犹如涓涓细流入钱江，最终汇聚起扬帆出海的磅礴之力。本书希望通过对浙江省新型政商关系的研究，为考察和分析中国特色政商关系提供思路。

习近平总书记提出的"亲""清"新型政商关系，为新时代中国特色政商关系的发展指明了方向。浙江工商大学浙商研究院作为浙江省新型重点智库，长期致力于浙商研究。该研究院立足百年商科高校的学科优势，尝试从新型政商关系的"亲""清"两个核心概念出发，以政商关系"亲清"指数为核心，分析浙江省新型政商关系。本书是该研究院承担的教育部重大课题攻关项目"新型政商关系研究"的阶段性成果。课题组统合工商管理学、公共管理学、统计学、法学等学科，在调研浙江 11 个地级市的基础上，通过 7 个一级指标、11 个二级指标、21 个三级指标，从政府对企业的服务力、政府对企业的支持力、民营企业活跃度、政府亲近感知度、政府廉洁度、政府透明度、政府廉洁感知度等方面，评估浙江省各地政商关系的"亲清"指数，分析浙江省新型政商关系构建的总体概况。

诚如歌德所言："一切理论都是灰色的，唯生命之树常青。"在现实生活中，政商关系往往更加丰富而复杂，本书只是为评估和分析政商关系提供一种视角，研究难免有诸多阙漏之处，敬请学界同人批评指正！

本著作为教育部哲学社会科学研究重大课题攻关项目"新型政商关系研究"（17JZD008）的研究成果。

C目录
Contents

1

新型政商关系：内涵、特征及理论基础

1.1 新型政商关系的内涵与特征

1.1.1 新型政商关系的内涵

(1)政商关系的内涵

政商关系是现代国家治理中极为复杂的一对关系，狭义上主要指政府（官员）与企业（商人）之间的关系，但从更广泛的范围看，其涉及的是现代国家运行中政府和市场两大系统之间的基本秩序。自近代工业化催生资本主义体系以来，如何处理政商关系逐渐成为现代化制度建构中无法回避的问题。"在世界上所有的政治制度中，大部分政治是经济性的，而大部分经济亦是政治性的。"[①]考察不同国家的政治、经济及社会形态情况可知，政商关系是最为重要的维度之一。如何处理政府与企业之间的关系，是各国普遍面临的问题，也是现代经济学、政治学等社会科学持续关注而又历久弥新的课题。

---

① 查尔斯·林德布洛姆：《政治与市场：世界的政治—经济制度》，王逸舟，译，上海人民出版社 1996 年版，第 9 页。

理解政商关系，需要对政商关系的概念及其涵盖的内容进行剖析。 首先，政商关系由"政"和"商"两个维度构成，两个维度又分别包含多个层级关系。 从"政"的维度而言，其包含政治上层建筑、政府、政府官员等层次；从"商"的维度而言，其包含经济形态、市场、企业（企业家）等层次。 其次，从微观至宏观，政商不同层级之间形成了相互对应的复杂关系，如政府官员与企业家的关系、政府与市场的关系、政治系统与市场系统的关系等，不同层级的关系相互影响、相互交融，共同构成了现代立体式、系统性的政商关系。 最后，关系是相互作用、相互影响的一种状态，这种互动和影响既可以是积极的，也可以是消极的，它往往因时而异、因势而变。 在不同的发展阶段，我们对政商关系的理解也是有差异的。 本书认为，在探讨现代国家政商关系的运行中，从微观至宏观，至少需要涉及政府公职人员与商人（企业家）、政府与企业、政府与市场几个层级，进而对政商不同层级之间的关系进行系统性梳理。

除了政商关系内在的维度和层级外，我们对政商关系的解析离不开一定的社会环境。 不同的国家，由于经济基础和政府模式的不同，政商关系的互动也呈现出不尽相同的形态。 马克思主义唯物史观告诉我们，对政治和经济关系的理解不能脱离相应的环境。 理解政商关系的内涵，既要遵循现代国家治理过程中政商关系的普遍性规律，也要充分认识到不同国家环境差异对政商关系构建的不同路径。 即使在市场机制普遍发达的现代国家，也无法回避政商关系在国家治理中的重要性，但在不同的政治经济理论、国家制度形态、社会文化传统的影响下，各国对政商关系的理解是不同的。 因此，对政商关系的理解，需要在普遍遵循现代市场经济语境中政商规律的前提下，充分考虑不同的理论形态、制度基础和社会文化传统对政商关系的影响。 一个国家政商关系的发展导向，从根本上而言是由其国家形态和国家制度结构所规定的，同时受历史文化传统、社会心理等诸多因素影响。

基于此，本书认为，所谓政商关系，是指基于"政""商"两个维度，各自不同层次的内容构成的系统性对应关系。 这种关系因受不同的经济基础、政府形态、文化传统等要素的影响而具有差异性。 本书立足于研究浙江省新型政商关系，将主要从微观、中观和宏观 3 个层面，即政府官员与企业家（商人）的关系、政府与企业（企业组织）的关系、政府与市场的关系 3 个方面对政商关系加以分析，多维度分析浙江省新型政商关系的"亲清"指数。

(2) 中国特色新型政商关系的基本内涵

习近平总书记用"亲""清"两字定调新型政商关系，为中国特色新型政商关系的发展指明了方向。[1] 理解中国特色以"亲""清"为核心的新型政商关系，需要对政商主体及相关要素进行细致解构，然后基于马克思主义的理论指导、现代市场经济的基本规律、中国独特的制度形态和文化传统等方面，对政商不同层级之间的关系及其内在逻辑进行分析。"亲""清"新型政商关系的构建，就是要在系统性理解政商关系的基础上，对政商不同层级之间的关系进行规范化和制度化，其基本方向是政商双方各自规范和优化自身的职责行为，并健全以法治为核心的政商关系规范体系。 而这种规范和优化，必须建立在马克思主义理论、中国国家治理结构、历史文化传统的场景之中。

从"政"的角度而言，构建新型政商关系的关键在于优化政府职责。 没有一个职能科学、权责法定、执法严明、公开公正、廉洁高效、守法诚信的政府，政商关系的"亲"和"清"便无从谈起。 只有明确政府在政商关系中的职和责，才能厘清政府的权力和行为边界。 同时，需要明确指出的是，相比于西方自由主义理论背景下的政商关系，中国在市场经济的发展中，党和政府一直扮演着积极有为的角色。 中国政府在政商关系构建中具有主导性地位，在调动和整合资源方面有着无可替代的作用。 因此，构建新型政商关系，绝不仅仅是限制政府的权力，而是要在控制政府越位和乱为、力求"清"的同时，推动政府依法积极有为，服务企业和经济发展以求"亲"。

从"商"的角度而言，构建新型政商关系需要企业家和企业组织规范自身行为、提升行业自治能力。 长期以来，由于市场经济发展过程中的一些体制机制不健全，加上传统文化中的一些糟粕的影响，政商关系在一些领域扭曲畸变，不仅影响了经济的有序运行，而且污染和影响了政治生态。 一些商企主体长期以来对公权力既恐惧又依赖，试图通过依附于官僚体系或者勾结相关

---

① 习近平:《习近平谈治国理政》(第二卷),外文出版社 2014 年版,第 264 页。

政府官员，以谋求自身利益。 一些企业和商人习惯依靠"寻求关系、建立关系、维护关系、利用关系、发展关系"来寻求机会保护企业、发展企业，少数不法商人和企业甚至通过行贿和围猎政府官员的方式，以求获得不法收益。因此，新型政商关系的构建，既离不开政府职责体系的优化，也离不开商企主体依法经营，从"商"的维度维护良好的政治和经济生态。

从"政""商"两个维度不同层次的内容来看，中国特色新型政商关系的构建，需要从政府官员与商人（企业家）、政府与企业（企业组织）、政府与市场几个不同层次入手，不断规范不同层次之间的政商边界，搭建不同层次之间政商有效互动的制度性平台，使政商关系健康化、规范化和制度化。 综上而言，本书理解的新型政商关系的基本内涵为：新时代中国特色社会主义场景下以"亲""清"为核心，基于不同层次构成的具有中国特色的系统性政商关系。 新型政商关系既要求政府不断优化职责体系，为企业经营提供良好的环境和服务，同时也要求商企主体依法规范自身的行为职责，共同构建良性的政商生态。 其核心是通过法治化不断规范政府与市场两大系统之间的权责边界及其互动关系。

1.1.2　新型政商关系的主要特征

(1)新型政商关系普遍性和特殊性的统一

新型政商关系首先是中国场景中的政商关系，既有现代国家政商关系的普遍特征，又有中国特色的国别属性。 除了现代国家治理中政府官员与商人（企业家）的行为规则、政府与市场的界限、政府与企业（企业组织）的边界等普遍遵循的规律以外，相比于一些西方国家，中国政商关系的构建离不开中国独有的政治经济形态、国家治理结构和历史文化传统。 相比于西方国家"有限政府"的国家治理理念，中国在国家治理实践中一直是强政府主导的模式，强调政府在国家治理中的积极有为。[①] 尽管西方国家在发展过程中围绕政府在经济建设中的职能和作用进行了广泛讨论，但总体而言，西方国家普遍

---

① 徐勇：《基于中国场景的"积极政府"》，《党政研究》2019 年第 1 期，第 5—10 页。

遵循了"有限政府"的基本理论逻辑。 不同于西方国家的国家治理结构,中国党政主导发展的治理模式及强政府的历史文化传统,决定了政府在推动市场经济过程中扮演着积极有为的角色。"科学的宏观调控,有效的政府治理,是发挥社会主义市场经济体制优势的内在要求。"①中国特色政商关系在强调厘定政商边界,实现政商边界"清晰",充分发挥市场在资源配置中决定性作用的同时,也强调政商的"亲近",强调政府通过有效的政策行为,规范和引导市场行为,为市场有序运转提供政策和服务保障。"使市场在资源配置中起决定性作用和更好发挥政府作用,二者是有机统一的,不是相互否定的,不能把二者割裂开来、对立起来,既不能用市场在资源配置中的决定性作用取代甚至否定政府作用,也不能用更好发挥政府作用取代甚至否定市场在资源配置中的决定性作用。"②有学者指出,中国遵循的是"有为政府+有效市场"的政商关系基本逻辑,在明晰政商边界的基础上,同时强调政商主体在国家治理中的博弈及合作。 正是"官场+市场",构成了中国独具特色的经济增长机制及政府与市场的互动模式。③ 因此,对中国特色政商关系的理解,既要立足于现代国家政商关系的普遍性规律,又要充分考虑中国国家治理模式内在的特殊性。 对中国特色新型政商关系的评估,在考察政府和企业廉洁度、透明度及厘清双方边界的同时,还需要强调政商之间内在的互动性和协作性。

(2)新型政商关系传统性与时代性的统一

问题就是时代的口号,习近平总书记提出以"亲""清"为核心的新型政商关系,是对当前政商领域腐败多发、关系扭曲等现象的有力回应。"经过20多年的实践,我国社会主义市场经济体制已经初步建立,但仍存在不少问题,主要是市场秩序不规范,以不正当手段谋取利益的现象广泛存在……这些问题解决不好,完善的社会主义市场经济体制是难以形成的。"④在中国特色社会主义进入新时代的场景下,作为国家治理的重要维度,政商关系亟须规范

---

① 习近平:《习近平谈治国理政》,外文出版社 2014 年版,第 117—118 页。

② 同上,第 117 页。

③ 周黎安:《"官场+市场"与中国增长故事》,《社会》2018 年第 2 期,第 1—45 页。

④ 习近平:《习近平谈治国理政》,外文出版社 2014 年版,第 77 页。

化。 首先，从政商关系的实践现状来看，当前一些领域内政商关系的不规范严重影响了国家治理现代化的政治经济生态，对原有政商关系的规范已经是当务之急。 新型政商关系的构建需要通过反腐败斗争，消除官商勾结、创租寻租等行为，消除各种"玻璃门""弹簧门""旋转门"。 其次，从政商关系不规范的原因来看，除了政府官员和商人（企业家）之间不道德的行为以外，从政府与企业（企业组织）、政府与市场关系来看，最主要的问题在于社会主义市场经济建设过程中体制机制的不完善。 因此，在深入持久地打击腐败、消除官商勾结的基础上，亟须通过体制机制的完善，为新型政商关系的构建明确政商相互之间的职责，搭建良性健康的政商互动平台，从根本上去除导致政商关系不规范的土壤。 最后，从新型政商关系构建的目标导向来看，关键是要为企业经营和发展提供良好的政商环境，激发企业创造力和市场活力，建立起政商之间健康有效互动的体制机制，完善中国特色社会主义市场经济体系。因此，我们探讨新型政商关系的构建，必须回应时代问题，在国家治理现代化的历史进程中分析新型政商关系的实践路径。

（3）新型政商关系法治化与伦理化的统一

法治是现代国家治理的本质属性，新型政商关系的构建离不开法治保障。现代国家运行主要由政府系统、市场系统和社会系统三大系统构成，而法治是明确三者边界又是连接三者关系的根本纽带。 只有不断推动政商关系的法治化，才能为政商关系的规范建立长久可持续的保障机制。 从法治角度而言，新型政商关系的构建既需要从立法角度为政商关系建立沄律规范，也需要从执法和司法角度为其提供保障。 需要指出的是，中国的政商关系建立在中国独有的文化传统和社会基础上，之所以在"清"的同时还要强调"亲"，绝不仅仅是通过法治路径将两者界限划清，还要通过社会伦理规范为新型政商关系的构建进行价值引导，即除了强制性的法律法规外，还需要柔性的社会伦理来规范政商主体之间的行为并促进两者之间的良性互动。 要充分实现法律的规范作用和社会伦理引导作用的统一，"在推进依法治国过程中，必须大力弘扬社会主义核心价值观，弘扬中华传统美德，培育社会公德、职业道德、家庭美德、个人品德，提高全民族思想道德水平，为依法治国创造良好的环境"①。 新型政商关系的构建,在通过优化立法、司法和执法路径为政商关系不断明确制度界限的同时,还需要通过完善新型政商伦理道德体系为政商关系的良性互动夯实文化和社会心理基础。 因此,中国语境中新型政商关系的法治化,既要强化法治这一核心保障,也要优化社会伦理规范。 新型政商关系的构建,在推动政商关系法治化,不断优化立法、司法、执法层面相关保障的同时,还要通过社会伦理和文化建设,为新型政商关系的发展培育良好的社会生态。 概而言之,就是要通过法治和伦理、硬性和柔性两面,为新型政商关系发展培育建立良好的规范体系。

1.2 浙江省新型政商关系评估指标体系构建的理论基础

政商关系反映的是营商环境的关键内涵,故而在构建指标体系对其进行系统评估时应认识到政商关系的多维性与复杂性。 经济学、政治学、社会学、管理学等多个学科都有着相应理论,对政商关系或政企关系的评估起着重要的支撑作用。 本评估指标体系具体涉及以下理论与论述:政治关联理论、官员晋升锦标赛理论、寻租(腐败)理论、政企合谋理论、规制俘获理论等,以及习近平总书记 "亲""清" 新型政商关系内涵的论述与 Baum & Shevchenko(1999)提出的二维框架等依托理论。 根据这些重要理论与论述及其研究,本研究构建起包括"亲近""清白"两大维度的指标体系,前者包括政府对企业的服务、政府对企业的支持、民营企业活跃度、政府亲近感知度等 4 个一级指标,后者包括政府廉洁度、政府透明度、政府廉洁感知度等 3 个一级指标。

(1)政治关联理论及研究

企业政治关联一般可以认为是企业与政府部门或拥有政治权力的个人之间形成的非正式、特殊的政企关系,表现为企业高层管理人员及大股东拥有在

---

① 习近平:《习近平谈治国理政》(第二卷),外文出版社 2014 年版,第 117 页。

政府部门任职的经历，或者通过公益事业及人际关系网络建立的与政府的关系等；政治关联不同于政治贿赂，它在法律层面是合法的。 Fisman（2001）、Faccio et al.（2006）较早开始关注政治关联（political connection）对企业的价值，开始探索政府对企业行为的影响。 其后，从政治关联角度对中国政府与企业的关系的研究大致从两条路线展开：一是 Li et al.（2008）、Chen et al.（2011）、Piotroski et al.（2014）、Li et al.（2015）、Lin（2015）、Ferris et al.（2016）和 He et al.（2017）等分别从融资选择、控制权结构架构、企业 IPO决策、企业慈善、并购活动、审计师选择等角度研究了政治关联与企业行为的关系；二是 Fan et al.（2007）、Berkman et al.（2011）、Li et al.（2013）、Fonseka et al.（2015）、Xu et al.（2015）、Chen et al.（2017）和 Cao et al.（2017）等分别从 IPO 后业绩、少数股东保护、CEO 自身晋升关注、私募股权投资决策、二代涉入后企业绩效、融资约束缓解、IPO 通过率、企业价值、CEO 堑壕效应等方面研究了政治关联带来的后果。 近年来，部分研究也开始讨论政治关联对于获得金融市场救助、政府补贴及债务成本削减等调整企业杠杆率等因素的影响（Banerji et al.，2018；Lim et al.，2018）。

国内学者对政治关联的研究延续了国外学者的思路，如罗党论等（2008）、潘红波等（2008）、潘越等（2009）、张敏等（2009）、余明桂等（2010）、贾明等（2010）、于蔚等（2012）、戴亦一等（2014）、党力等（2015）研究了政治关联对财政补贴获得、融资便利获取、企业并购、多元化经营、实施战略性慈善、企业创新等的影响；如邓建平等（2009）、肖浩等（2010）、杨其静（2011）、田利辉等（2013）、唐松等（2014）分别从民营企业经营绩效、权益资本成本、企业成长、长期绩效、未来经营绩效等角度研究了政治关联带来的后果。 近年来，部分研究开始讨论政治关联对企业资本市场股权再融资等的影响（如杨星等，2016）。

（2）官员晋升锦标赛理论及研究

长期以来，学术界一直在为中国改革开放以来的经济增长奇迹寻求解释，其中重要的观点落在地方政府、地方官员行为对经济增长的推动上。 继"中国特色联邦主义"假说（Weingast，1995；Qian et al.，1996，1997）后，学术界认为经济上的财政分权必须和政治上的集权相结合才能解释中国的经济增长(如 Li et al.,2005)。 以官员为分析对象研究其政治激励——晋升对地方经济的影响,使得晋升锦标赛理论(周黎安等,2007,2008)出现。 该理论认为,在行政和人事方面的集权制下,地方官员会为追求晋升而积极推动经济增长,表现出"政治人"属性;在中央政府致力于经济建设、强调"发展是硬道理"的背景下,地方官员晋升考核标准也由以政治表现为主转变为以经济绩效为主,由此,关心仕途的地方官员在强力激励下,围绕 GDP 增长而展开晋升锦标赛。 在实证方面,Li et al.(2005)、张军等(2007)、王贤彬等(2008)发现,中国省长、省委书记任期内的 GDP 增长速度提升会显著提高其晋升可能性;Fan et al.(2009)对地级市官员样本的实证研究也证实了该理论。

因此,地方政府对经济增长的研究又进一步从官员个人特征与辖区经济增长间的关系(如王贤彬等,2009;徐现祥等,2010)深入探索官员推动经济增长的微观途径中来,即地方政府干预与企业行为这一层面。 如钱先航等(2011)考察了地方官员晋升压力及其任期对城商行贷款行为的影响;徐业坤等(2013)发现,当面临政治不确定性(市委书记更替)时,民营企业的投资支出会明显降低;干春晖等(2015)发现,地方官员会在晋升关键时期向企业提供更多的土地及融资优惠;曹春方等(2014)发现,财政压力和晋升压力都会导致地方国有企业过度投资,官员任期则与之存在倒 U 形关系;罗党论等(2016)证实,重污染企业投资的增加会对地方官员晋升产生显著的负面影响等。

(3)规制俘获理论及政企合谋研究

规制俘获(Regulatory Capture Theory)指的是主管机关在其主管范围制定的某种公共政策或法案,在损害公众利益的状况下,使得特定领域商业或政治利益团体受益的行为。 当规制俘获发生时,企业或政治团体的利益比公众利益更被优先考量,使得社会全体受到损失(Stigler et al.,1962)。 一般认为,信息不对称是规制俘获能够成立的基础,被规制企业能够获得的信息租,扣除实施规制俘获的成本(如被发现的成本和私下转移支付的低效率损失),

就是被规制企业可用于进行规制收买的"额度"（Laffont，2009）。

聂辉华等（2006）首次将地方政府为了政绩而纵容企业选择"坏的"生产方式的现象称为"政企合谋"（local government-firm collusion）。 在这过程中，地方政府及官员会得到经济上的财税收益好处和政治上的升迁机会，企业则通过节约成本和逃避管制得到更高的利润，却会导致各类生产安全事故和社会问题，给当地居民造成损失，并在一定程度上危害着中央政府的权威和利益。 进而，基于已有的合谋理论（如 Tirole，1986，1992），包括防范合谋发生的逆向选择模型及道德风险模型，以及委托人默许合谋的均衡合谋（Kofman et al.，1996；Suzuki，2007），聂辉华等（2015）构建起一个"中央政府—地方政府—企业"的3层博弈模型，展示出中央政府的均衡合谋契约与防范合谋契约，发现：第一，经济增长超过社会稳定成本时，中央政府会默许政企合谋；第二，价格水平、公众偏好、事故发生概率的变化会导致中央政府在防范合谋和合谋之间转变；第三，分权的属地管理方式在某些条件下，较之集权的垂直管理方式更容易导致均衡合谋。 他们的研究与以往垂直管理方式比属地管理方式更容易防范合谋的观点（如王赛德等，2010；尹振东，2011）并不一致。

(4)寻租（腐败）理论及研究

腐败作为一种世界性的现象，始终是困扰各国政府治理的重要问题。 在经济学中腐败一般指政治腐败或官员腐败，即政府官员"为了私人利益而滥用公共权力"（Svensson，2005）。 有关腐败的研究主要包括两大类：第一类研究腐败发生的原因，如 Glaeser et al.（2006）梳理出官员工资、教育水平、政府规模、政府管制、财政分权、族群差异等导致腐败的因素；第二类研究腐败产生的后果，特别是腐败对经济效率的影响。 第二类研究中，学术界形成了两种对立的观点：其一，认为腐败是"沙子"，会扭曲资源配置，会阻碍经济长期增长（如 Shleifer et al.，1993；Mauro，1995）；其二，认为腐败是"润滑剂"，有助于企业规避无效的政府管制而提高经济效益（如 Lui，1985）。

聂辉华等（2014）认为：其一，既有实证研究多使用跨国企业数据（如 Mo，2001；Rosa，2010），难以反映腐败在处于不同发展阶段国家间的差异，比如发展中国家有着更多无效率的政府管制，一定程度的腐败可能有助于企业加以规避；其二，现有企业数据基本上是横截面数据，无法消除企业固定特征带来的估计偏差；其三，中国腐败程度比较严重，却又是世界上发展最快的经济体，现有研究很难解释中国的"腐败与经济增长之谜"。继而，他们以1999—2007年中国制造业企业的微观数据，考察地区层面的腐败对企业全要素生产率的影响，从3类特征揭示腐败对不同类型企业全要素生产率的影响：其一，腐败对国有企业的生产率并无影响，对民营企业则有着正效应；其二，腐败对固定资产比重高的企业有着更大的负效应；其三，腐败对中间产品结构比较复杂的行业有着更大的负效应。

在腐败对企业行为的影响方面，由于贿赂等腐败行为有着内在隐蔽性，不但监督困难，而且给研究取证造成困难（如Reinikka et al.，2006；Olken et al.，2012）。李捷瑜等（2010）研究了转型经济中企业销售增长与贿赂的关系，发现企业的贿赂与其利润增长存在显著的正相关关系，特别是贿赂能够通过降低官员掠夺或帮助企业获得资源而促进其销售增长。而基于中国企业运行的实际，Cai et al.（2011）以招待费和差旅费支出（Electronic the Collection，ETC）作为度量腐败支出的新指标，发现其兼具"保护费"和"润滑剂"的作用，可以帮助企业获得更好的政府服务、降低实际税率和管理支出；黄玖立等（2013）发现，该方面的支出越多，企业获得的政府订单和国有企业订单也越多。徐细雄等（2017）发现，官员腐败会显著提升企业代理成本，包括管理费用率增加、资产利用率降低等。

（5）依托理论

Baum et al.（1999）根据地方政府是否深度干预企业经营（亲近程度）和对经济发展是否具有促进作用（经济绩效）等两大维度，将政府与企业的关系划分为4种类型，即企业家型、发展型、侍从型和掠夺型。依照此框架，如果政府直接经营企业，并促进其经济增长，则政商关系就是企业家型；如果政府通过营造良好的环境来招商引资，并促进企业经济增长，则政商关系就是发展型；如果政府及官员与企业家有私交且政府及官员参与企业盈利，并促进其经济增长，则政商关系就是侍从型；如果政府及官员利用职位和权力获取非生产性租金，并促进企业经济增长，则政商关系就是掠夺型。 前两种类型的政商关系总结和反映了当初日本、新加坡等东亚经济体的发展状况，并部分反映了中国经济奇迹的产生原因，但并未讨论政府廉洁度即"清"方面的问题。

习近平总书记深刻阐述的"亲""清"新型政商关系，为我们评估当前政商关系情况指明了方向。 对领导干部而言，所谓"亲"，就是要坦荡真诚地同民营企业家接触交往，特别是在民营企业遇到困难和问题时更要积极作为、靠前服务，对非公有制经济人士要多关注、多谈心、多引导，帮助他们解决实际困难；所谓"清"，就是同民营企业家的关系要清白、纯洁，不能有贪心私心，不能以权谋私，不能搞权钱交易。 而对于民营企业家而言，所谓"亲"，就是积极主动同各级党委和政府多沟通多交流，讲真话、说实情、谏净言，满腔热情地支持地方发展；所谓"清"，就是要洁身自好、走正道，做到遵纪守法办企业、光明正大搞经营。 因此，从"亲""清"两个维度评价当前新型政商关系的情况，不仅与已有的政商关系理论研究相呼应，更与新时代中国特色政企关系的内涵相吻合。（见表 1-1）

表 1-1　习近平总书记对领导干部和民营企业家的"亲""清"要求

对象	维度	要求
领导干部	"亲"	坦荡地真诚交往,积极作为、靠前服务,多关注、多谈心、多引导
	"清"	关系清白、纯洁,不能有贪心私心,不能以权谋私,不能搞权钱交易
民营企业家	"亲"	积极主动地与政府多沟通多交流,讲真话、说真情、谏净言
	"清"	洁身自好、走正道,遵纪守法办企业、光明正大搞经营

1.3　本书的研究框架

本书拟以新型政商关系的核心内容"亲""清"为切入点，研究浙江省新型政商关系的"亲清"指数。 在此基础上，本书主要从 6 个方面展开论述：第一章主要阐述了浙江省政商关系的发展历程，以及新型政商关系的基本内涵和主要特征，为后续研究的展开奠定理论基础；第二章主要阐释和分析浙江省新型政商关系评估的理论和现实意义；第三章重点说明浙江省新型政商关系指标体系构建的方法、过程和总体指数排名；第四章从政府对企业的服务、政府对企业的支持、民营企业活跃度、政府亲近感知度4个方面，分析浙江省新型政商关系的"亲近"指数；第五章从政府廉洁度、政府透明度、政府廉洁感知度3个层面分析浙江省新型政商关系的"清白"指数；第六章依据指数体系，对浙江省典型城市的新型政商关系的"亲清"指数进行评估。

2 浙江省新型政商关系评估的现实意义与理论基础

2.1 浙江省新型政商关系评估的现实意义

2.1.1 浙江省新型政商关系评估问题的提出

2016 年 3 月 4 日习近平总书记看望参加政协会议的民建工商联委员时，提出了新形势、新条件下政府官员和非公有经济人士互动交往的新要求、新希望，并将其概括为"亲""清"政商关系。 此后，这就成为中国特色社会主义市场经济建设和社会主义现代化建设过程中政府官员和非公有制经济人士互动交往的指南，具有深刻的理论与现实意义。 党的十九大报告提出："构建亲清新型政商关系，促进非公有制经济健康发展和非公有制经济人士健康成长。"2018 年 11 月 1 日，习近平总书记在民营企业座谈会上再次指出，要坚持"两个毫不动摇"和构建"亲""清"新型政商关系，并要求各级党委和政府要把构建"亲""清"新型政商关系的要求落到实处，把支持民营企业发展作为一项重要任务。 近年来的政府工作报告也都提出要激发市场主体活力，着力优化营商环境，让企业家安心搞经营、放心办企业。

浙江作为民营经济大省，省委、省政府一直秉持"民营经济强则浙江强，民营经济好则浙江好"的理念，高度重视构建"亲""清"新型政商关系，重视民营经济发展和优化营商环境。2016年，省委出台《关于构建新型政商关系的意见》，提出9项举措加快构建新型政商关系。2017年11月第四届世界浙商大会上，省委书记车俊在开幕式上指出，要积极构建"亲""清"新型政商关系，做到工作到位、政策到位、服务到位、关爱到位，传承"亲商、安商、富商"传统，着力打造最佳营商环境；以"最多跑一次"改革为切入口，营造有利于干事创业的优质环境；营造风清气正的良好环境；保护产权，破解要素制约，营造企业健康发展的社会氛围。2018年7月，省委十四届三次全会通过《中共浙江省委关于推进清廉浙江建设的决定》，进一步提出搭建政商沟通交流平台，优化亲商、安商、富商的营商环境。2018年11月1日—7日举行中央民营企业座谈会后，在2018年12月26日的省委经济工作会议上，省委书记车俊也与民营企业家座谈，在听取相关发言后，提出深化落实习近平总书记关于支持民营企业发展的六方面政策举措，并要求各地各部门要深入贯彻落实中央经济工作会议精神，按照省委、省政府的决策部署，坚定不移地把民营经济做强做优，落实好构建"亲""清"新型政商关系的要求。

而如何将浙江省这一系列落实中央部署要求的举措成效进行系统化、直观化、数据化的反映，还需要借助统计指数这一有力工具。一来，只有通过构建综合评价指标体系，才能科学评估近年来浙江省各地在"最多跑一次"改革、"清廉浙江"、"梧桐行动"、"凤凰工程"等工作的促进下，构建"亲""清"新型政商关系的情况，并找到现存的相关问题进一步优化营商环境；二来，在现行体制下，没有评价体系就无法推动考核，没有考核压力，就难以推进新型政商关系的落地（杨卫敏，2018），并难以通过总结经验及分析问题，推动持续改善。因此，我们认为，推动浙江省新型政商关系评估工作，将旨在解决以下几个科学问题：当前浙江省整体营商环境的情况如何？各地区的情况如何？进行横向比较后的差异在哪里？根据评估工作的结果，各地区未来进一步优化营商环境的方向和着力点在哪里？

浙江工商大学浙商研究院是浙江省首批新型重点专业智库之一，长期致力于政商关系研究，且承担着教育部重大课题攻关项目"新型政商关系研究"。依托浙江工商大学的经济学、统计学、法学等优势学科，浙商研究院、大数据与统计指数研究院、教育部重大项目"新型政商关系研究"课题组，系统推进新型政商关系研究。经过长期研究、多方征求意见，从"亲""清"两个维度，我们构建的新型政商关系"亲清指数"评价体系，成为全国首个省域范围内开展新型政商关系评估的试验性"体检报告"。该指数以地级市为单位，通过浙商研究院所做的1860份大样本调查，按浙江省11市人口比例取得982个创业者样本作为一手资料，配以大量客观二手数据，对浙江省11个地级市的政商关系进行评估分析，旨在观测、提炼浙江省改革的先行经验，查摆问题，靶向施策，更精准地服务企业，促进"亲""清"新型政商关系的构建，努力把浙江建成非公有制经济健康发展的标杆省份。

2.1.2　浙江省新型政商关系评估的现实价值

对浙江全省开展新型政商关系系统性评估工作，我们认为有以下四点现实价值，达到"四个有利于"。

（1）有利于系统反映当前浙江省各地区新型政商关系构建的情况，发挥"晴雨表"作用

依托已有新型政商关系方面的研究，借助统计指数这一有力的工具，可以科学、直观地展现出当前浙江省各地区新型政商关系构建的基本情况，发挥"晴雨表"作用，再做好这项工作的"细化、深化、持续化、动态化"等"四化"：进一步细化指标体系，调整优化组合、进一步深化评估对象，争取更大更广的覆盖面；进一步将评估工作持续化，做到纵向可比较可查阅；进一步动态化展示、发布评估月报、季报、年报，构建指数数据库以支撑未来长期的评估工作。

（2）有利于合理补充当前地方政府部分考核指标，推动营商环境优化政策的落地与持续改进

如果该项评估工作得到浙江省各级党委、政府的大力支持，并在未来逐步纳入"清廉浙江"等系统建设工程中，则可以从侧面对其发挥一定的支撑作用；进而将该评估结果纳入地方政府部分考核指标中，并试点"红黄绿"牌动态评价。 如此，一方面有助于浙江省推动营商环境优化的落地与持续改进，另一方面有助于保障评估工作排除干扰、更加有序长期地推进下去。

（3）有利于准确提供当前民营企业投资布局"地图"，做好服务民营经济发展和做强做优

营商环境早已成为企业，特别是民营企业投资布局的重要考虑因素。 通过长期的新型政商关系评估，就可以反映出较为稳定可靠的各地方营商环境状况，为民营企业提供一张科学的投资布局"地图"。 其一方面助力企业进行更加优化合理的投资布局，另一方面为各地区的招商引资工作提供便利条件和努力方向，更好地为民营经济发展和做强做优服务。

（4）有利于科学构建浙江省新型政商关系的实证研究平台，提升当前浙江省新型政商关系的研究水平

长期系统的浙江省新型政商关系评估工作，将积累起丰富的研究数据资源和相关数据库，为浙江省新型政商关系研究提供重要的实证研究支撑平台。比如浙江工商大学正在承担的教育部重大攻关课题"新型政商关系研究"，就已经衍生出多个政商关系方面的国家级、省部级重要研究项目，在评估工作中获取的数据资源的支持下，将会涌现出更多、更优秀的研究成果，促进当前浙江省新型政商关系研究水平的提升。

2.2 浙江省新型政商关系评估的理论基础

（1）当前新型政商关系的相关理论研究

①新型政商关系的内涵界定与测度标准研究。

新型政商关系是对政商关系基本内涵的延展深化，也是目标追求、价值意蕴和实现路径的有机耦合，把握基本内涵是践行新型政商关系的认知前提，揭示价值意蕴是践行新型政商关系的内生动力，构建创新路径是践行新型政商关系的实践保障（郑善文，2018）。 一些研究通过界定新型政商关系的内涵、特征，间接反映出政商关系的测度标准。

在基本内涵研究方面，卞志村（2018）认为，要从"四个全面"战略高度把握"亲""清"新型政商关系的内涵，全面建成小康社会是其服务的宏观目标，全面深化改革是其强大动力，全面依法治国是其重要保证，全面从严治党是其政治保证。 郑善文（2018）从"亲""清"的原初语义与伦理特质入手，认为只有充分发挥其教化人、培育人的作用，才能筑牢新型政商关系；认为领导干部与民营企业家要在深入领会时代内涵与现实要求的前提下，精准把握政商相互作用关系中的中庸之道；还认为在内在逻辑与价值取向上，新型政商关系是"亲清治"实践逻辑和"义利情理法有机统一"价值逻辑的完美耦合。

在价值意蕴研究方面，基于浙江省政商关系构建的实践，杨卫敏（2016）认为，"亲""清"分别对领导干部和非公有制经济人士提出要求，需要政商两方面共同努力，其中"政"是主要方面，应该主动作为：一是坚持中国特色社会主义方向的指导思想，二是坚持法治与德治相结合的工作原则，三是坚持有序有效的工作目标，四是坚持规范长效的工作机制。 杨卫敏（2018）参照企业文化建设同心圆，将政商关系分为表层关系（关系形式）、浅层关系（关系行为）、深层关系（关系制度和机制）、核心关系（关系文化）等4层。

在创新路径研究方面，邱实等（2015）在回顾中国政商关系演变后，探讨在国家治理现代化进程中的"政"与"商"，并从新型政商关系构建与演变的宏观层面和官员与商人（企业家）关系的微观层面，寻求一个政商关系最清廉、最有效的发展路径；王蔚等（2016）将良性互动的"亲""清"政商关系概括为"沟通、互助、守法、诚信"4条基本原则，认为只有把握这4条原则，从"法治"和"德治"两方面着力，才能构筑一条最为清廉、最为有效的政商关系发展路径；唐亚林（2016）认为，新型政商关系社会价值体系的核心是民主法治价值及官商二元化价值，将追求平等服务精神、清廉正派意识和守法诚信价值作为衡量新型政商关系构建程度的重要内容。 侯远长（2017）认为，当前政商关系构建中的主要问题是"清"而不"亲"、舍"亲"保"清"，同时认为构建新型政商关系的路径有4条：一是强化服务意识，转变政府职能，建立政商沟通机制；二是以法律法规制度为保障，使"亲"情常在、"清"气常存；三是拓展民间融资渠道，建立 4 个服务平台；四是领导干部要发挥主导作用，改变不敢为、不愿为、不作为的现象。

②新型政商关系的维度构建研究。

在理论研究方面，国内已经有一批学者开始关注及考察新型政商关系的各种维度。在"亲"这个维度上，陈璟等（2016）认为，可以借鉴服务型政府的基本要素（如施雪华，2010）来设计相关指标，他们将服务型政府的基本要素和平衡计分卡的 4 个考核维度结合起来，建立起考核政商关系的"亲与不亲"的指标体系，即政府职能转变维度、工作流程维度、顾客维度、效益维度。其中，政府职能转变维度旨在考察政府为了更好地满足客户要求需要做出的改变，工作流程维度关注政府为了构建新型政商关系应如何对自己的工作流程进行设计和改进，顾客维度关注作为政府服务对象的顾客对政府服务的评价和感受，效益维度则是运用考核结果来进行奖惩和激励。

褚红丽（2018）用产权保护、市场准入、融资环境、公共服务水平、基础设施完备等方面考量政商交往中"亲"的程度，通过企业向政府的行贿及企业人员在政府部门的任职情况来反映政商关系中"清"的程度。基于中央统战部、全国工商联、国家工商行政管理总局、中国民（私）营经济研究会组织的"中国私营企业调查"（2012）和世界银行组织的"中国企业环境调查"（2005）数据，实证检验政商关系中"亲"环境的建立对"清"关系的影响，发现产权保护、市场准入、融资环境等"亲"的环境因素更有利于"清"关系的建立，说明硬性环境已经不构成中国企业发展的主要障碍和不良政商关系的主要原因，软性制度成为影响政商关系清廉与否和市场竞争环境公平有序与否的重要因素。

（2）当前新型政商关系评估的相关研究

①小规模区域性新型政商关系评估研究。

据我们掌握的资料，自 2017 年起，一些研究开始关注区域性新型政商关系的评估工作。如江阴市委党校联合课题组（2017）通过政商关系认识、政商交往行为、政务服务水平和企业家政治参与等 4 个指标，对当地部分企业家进行问卷调查与访谈座谈，累计回收有效问卷 499 份，旨在了解和掌握当地政商关系的现状和当地新型政商关系的构建情况，并据此提出新型政商关系构建过程中统战工作的要点。

李岚（2018）以河南省为例，采用深度访谈与问卷调查的方式，考察民营企业与政府之间的互动实践及存在的问题，在重点确定 15 家访谈对象和 2 次预调研后设置 3 组共 44 个问题，包括企业和问卷回答人的基本情况，企业对自身一般经营环境和政策、行政环境的评价，企业政治参与情况（民营企业对政治参与的态度和看法，参与的方式、渠道、特征和效果及参与过程中存在的问题）；进而向郑州、洛阳、开封和三门峡等 4 个地级市的民营企业发放问卷 700 份，获得有效问卷 584 份。研究后发现，现有局面下政府与民营企业之间缺乏持续有效的沟通，这不利于"亲"型政商关系的建立。此外，参政渠道少、有效性不高导致企业受到不公正待遇时缺乏正当解决渠道，不得不利用资源寻求非官方渠道，提供了寻租机会，这不利于"清"型政商关系的建立。

②大规模全国性新型政商关系评估研究。

体现出"亲""清"新型政商关系中某一重要维度的评估研究如下。

"亲"方面，影响力较大的代表是新加坡南洋理工大学的连氏中国城市服务型政府指数，可以一定程度上反映"亲近"政府建设成果。自 2010 年起，该课题组连续 5 年对中国城市进行公共服务质量调查和排名，并发布《中国城市服务型政府指数》报告，旨在考察公众和企业对公共服务与政府管理的满意度，其指标体系构建也维持了较好的连续可比性。以其 2014 年的调查为例，该课题组利用电话访问系统调查了 36 个城市的 25 370 位居民和 3687 个企业（总计拨打电话近 39.6 万个），指标体系包括服务型政府公众视角、服务型政府企业视角和基本公共服务等三大维度，分别包含 5、4、11 个子维度共 70 个测量指标，并给出了各个子维度的城市排名，为进一步提升中国政府治理能力、转变政府行政管理模式、推进服务型政府的建设提供了有力的决策支持。此外，还有著名的世界银行发布的《营商环境报告》（*Doing Business*），它自 2003 年开始发布，主要关注政府监管效率、营商便捷度等方面，侧重于客观衡量营商环境，没有考察政府服务力。

"清"方面，清华大学公共管理学院每年度发布的《中国市级政府财政透明度研究报告》从财政信息公开情况来反映政商交往过程中政府透明度的建设情况。自 2011 年起，该机构开始发布研究报告。以 2016 年年度报告为例，其通过对全国 4 个直辖市、291 个地级市及 358 个县级市财政透明度情况的综合分析研究，给出各市政府在该年度财政公开情况的排序。市级政府财政透明度体系包括八大类指标——公布政府的结构和职能，公布显示政府与其他公共部门的关系图，公布本年度预算内财政报告，公布政府性基金、土地出让金、债务、三公消费情况，公布 2015 年年度预算执行情况报告，公布 2016 年年度决算报告，公布 2015 年年度预算会计基础及编制和介绍预算数据所使用的标准，公布预算外活动、债务、金融资产、或有负债和税收支出信息等，核心在于市级政府对预算与预算执行情况，即"四本账"（公共财政、政府性基金、国有资本经营及社保基金）的公开情况。

此外，还有上海财经大学公共政策研究中心自 2009 年以来发布的涉及我国省级政府财政透明度的年度研究报告《中国财政透明度报告》，系我国首份系统研究省级政府财政透明度的报告，包括 114 个调查提纲（由 113 个项目指标和 1 个态度指标构成）；中国社科院法学研究所法治国情调研组每年发布的《中国政府透明度年度报告》，主要研究国务院所属的 59 个部门和 43 个较大城市，自 2011 年后也增加了 26 个省级政府的依法公开政务信息情况，三类调研分别包括 5、6、5 个部分，并给出各自排名情况。

③基于"亲""清"两个维度开展的全国性大规模新型政商关系评估研究。

在相关报告中，最具影响力的是中国人民大学国家发展与战略研究院政企关系与产业发展研究中心发布的《中国城市政商关系排行榜（2017）》。该报告从"亲近"和"清白"两个维度出发，构建由政府对企业的关心、政府对企业的服务、企业的税费负担、政府廉洁度、政府透明度等 5 个一级指标，11 个二级指标，17 个三级指标构成的评估体系，并对全国 285 个地级以上城市的新型政商关系构建情况进行评估排名，其是我国第一份城市政商关系排行榜。该研究报告具有以下 3 个优点和特色：一是其在研究框架上，首次从"亲""清"两方面对新型政商关系进行系统评价，形成对应的评价指标体系；二是在研究对象上，是国内首份专门关注政商关系的城市排行榜，更为微观和深入地探究了国内不同地区与城市间营商环境的差别；三是在数据来源上，综合使用官方数据、网络数据与企业调查数据，实现一手数据和二手数据、公开数据和独立数据、主观数据和客观数据的"三结合"，产生了较大的社会影响力。

此外，这方面研究还有国民经济研究所樊纲、王小鲁团队发布的中国分省企业经营环境指数（王小鲁等，2013），中国社会科学院倪鹏飞团队发布的《中国城市竞争力报告》（倪鹏飞等，2012），中山大学发布的中国城市政府公共服务能力评价报告（何艳玲，2013），中国社会科学院的中国城市基本公共服务力评价报告（侯惠勤，2013），侧重点在于城市政府提供的各类公共服务的质量，并且侧重于公民而非企业。 2019 年 5 月，中国战略文化促进会、中国经济传媒协会、万博新经济研究院和第一财经研究院联合发布了《2019中国城市营商环境指数评价报告》，从"硬""软"两大维度、7 个二级指标、35 个三级指标出发，对中国经济规模排名前 100 的城市的营商环境情况进行了评价。

（3）浙江省新型政商关系"亲清"指数的特色与创新

本研究在依托已有政商关系理论研究及习近平总书记新型政商关系论述的同时，充分吸收借鉴对已有政商关系评价的优秀成果［如《中国城市政商关系排行榜（2017）》，以下简称人大版］，并立足浙江省新型政商关系的现实，体现本评估研究工作的浙江特色，以更好地服务于浙江省新型政商关系的进一步构建。

①基于浙江实际情况设计指标。

本评估研究工作最大的特色与创新就在于更加注重从浙江省的实际情况出发，来设计指标、搜集数据，力图更加真实准确地反映当前浙江省新型政商关系的情况。 比如金融环境测度方面，人大版更偏重从银行间接融资方面反映，设置年末存贷款余额/GDP、银行网点数量/总人口、金融业从业人数/总人口等指标来进行测度；而本评估则结合浙江省直接融资与民间资本较为发达的现实情况，设置了私募基金公司数量/GDP、上市公司数量/规模以上工业企业数量、每亿元总市值/每百亿元 GDP 等指标加以考量。

如此设计的原因在于，截至 2018 年底，浙江省共有境内外上市公司 500

余家（其中境内 429 家），数量位居全国第二（按省份排名仅次于广东省）；当前杭州市有境内外上市公司 178 家，在全国各大城市中仅次于北京、上海、深圳位列第四，上市公司总市值位列全国第四、省会城市第一①，其中民营企业更占到约 90％的比例，显示出浙江省民营企业利用资本市场、直接融资的能力的强大。 上市公司的融资能力与一般公司相比，不可同日而语。 上市公司更有着强大的造富能力，由此衍生出大量高净值人群从事私募股权基金投资。 按注册地统计，浙江省私募基金管理机构的数量约为 2895 家，位列广东、上海、北京之后，管理基金规模超万亿元，位列北京、上海、广东之后，显示出浙江省强大的民间资本实力。

②提高准度，避免模棱两可指标。

本评估的另一特色是尽量避免模棱两可指标以提高评估准确度。 比如在政府服务力方面，就不采用人大版中"市领导视察""市领导座谈"等这种不可确定正反的指标，而改用来自浙江省大数据发展管理局的"服务完备与准确度""服务成熟度与成效度"等指标。 原因在于，"市领导视察""市领导座谈"的数量显示政府对企业的重视，但并不能很好地显示政府对企业的关心，可能成为"亲近"方面的正向指标，也有可能是"清白"方面的负向指标，故本评估不予采用。 自 2016 年底浙江省推行"最多跑一次"改革以来，这一面向政府自身的革命已初见成效，新型政商关系构建已取得阶段性成果。 本评估指标体系中，服务完备与准确度、服务成熟与成效度下的服务方式完备度、事项覆盖度、办事指南准确度、在线服务成熟度、在线服务成效度等直接测度指标可以有效反映政府服务力情况，并能够从浙江省大数据发展管理局获取数据，进行标准化测算，进一步保证评估结果的科学性和准确度。

③公开数据结合一手调研数据。

本评估工作的第三个特色是坚持公开数据结合一手调研数据的数据获取方式，特别是本研究团队长期深耕浙商研究所积累的一手调研数据。 人大版

---

① 乐居买房：《去年"杭州籍"上市公司总市值 13322.4 亿，位居全国第四，省会第一》，东方资讯网，2019 年 4 月 24 日，http://mini.eastday.com/a/190424091334824.html。

指标数据基本来自公开数据（年鉴、数据库、网站等），而本评估则结合了浙江工商大学浙商研究院所做的覆盖浙江省 11 个地级市的创业调查，特别是在"亲近"指数维度中的企业活跃度、政府亲近感知度方面，浙商研究院有着丰富的积累。 浙商研究院自 2017 年启动"浙江创业观察"调查工作（每两年一次），根据人口数量、经济发展水平对浙江省 11 个地级市进行分层分类，随机抽样获得 1860 个有效样本（调查显示，创业者人数为 982 人，占总样本人数的 52.8％），通过问卷填写获取有关浙江省创业情况的大量一手资料，直接支撑了本评估体系中民营企业活跃度和政府亲近感知度两大一级指标。 本评估工作采用这样更加直接深入观察浙江省现实情况而获得的一手数据，可以更好地反映当前浙江省新型政商关系构建的基本情况。

3

新型政商关系"亲清"指数指标体系构建

3.1　指标体系及说明

3.1.1　指标体系构建

政商关系的测度是一个复杂的系统工程，而评估指标体系的构建是完成整个工程的基础。在实际运用中，多数评估指标的数据往往难以获得，决策者往往会陷入选择指标体系科学完整性或实证分析可行性的两难境地。因此，本研究首先着眼于浙江省，参考国内外已有研究，并通过专家咨询等形式，构建浙江省政商"亲""清"关系的测度指标体系。浙江省政商"亲""清"关系分为政商清白关系和政商亲近关系两个子系统。政商清白关系将从政府廉洁度、政府透明度、政府廉洁感知度 3 个方面来测度，政商亲近关系将从政府对企业的服务、政府对企业的支持、民营企业的活跃度、政府亲近感知度 4 个方面来测度。具体二级指标和三级指标如表 3-1 和表 3-2 所示。

表 3-1 　浙江省新型政商关系评估指标体系("亲清"指数)——"亲近"指数

一级指标 (权重)	二级指标 (权重)	三级指标 (权重)	数据来源
A:政府对 企业的服务	服务完备与准确度	服务方式完备度	浙江省大数据 发展管理局
		服务事项覆盖度	
		办事指南准确度	
	服务成熟与成效度	在线服务成熟度	
		在线服务成效度	
B:政府对 企业的支持	基础环境	单位 GDP 财政支出	中国城市 统计年鉴
		商业机构信用意识得分	
		个人信用意识得分	
	金融环境	年末存贷款余额/GDP	
		私募基金公司数量/GDP	
		上市公司数量/规模以上工业企业数量	
		每亿元总市值/每百亿元 GDP	
	税赋环境	本年应交增值税/工业总产值	
		研发费加计扣除/R&D	
		高新技术企业所得税减免额/利润总额	
C:民营企业 活跃度	民营企业活跃度	民营企业活跃度	浙商研究院 调查数据
D:政府亲近 感知度	创业者对亲近的感知度	创业者对亲近的感知度	浙商研究院 调查数据

表 3-2 　浙江省新型政商关系评估指标体系("亲清"指数)——"清白"指数

一级指标 (权重)	二级指标 (权重)	三级指标 (权重)	数据来源
A:政府 廉洁度	干部清正	被通报违纪官员数/机关事业 单位年末就业人员	中央、省、市纪委监 委官方网站
B:政府 透明度	信息公开	信息依申请办结情况	政府信息公开年报
	财政透明	财政透明度	清华研究报告
C:政府廉洁 感知度	创业者对廉洁的感知度	创业者对廉洁的感知度	浙商研究院调查数据

3.1.2 指标解释

(1) 政府对企业的服务

在政府对企业的服务一级指标之下,设置两项二级指标,分别是"服务完备与准确度"和"服务成熟与成效度"。 服务完备与准确度指的是政府对企业的服务事项的覆盖情况和办事事项准确度情况,主要从服务方式完备度、事项覆盖度、办事指南准确度三方面来进行评估。 服务成熟与成效度指的是政府对企业的办事事项流程的完整性和办事的效率情况进行评估,主要从在线服务成熟度、在线服务成效度两个方面进行评估。 数据来源于浙江省大数据发展管理局。

服务方式完备度主要评估的是区市网站、相关栏目网站和浙江政务服务网设区市主页是否在保障数据源唯一的原则下同源发布服务信息,浙江政务服务网设区市主页与设区市门户网站的融合度及各区市移动应用与浙江政务服务网 APP 对接整合情况。 服务方式完备度评价指标主要从服务平台规划设计和多渠道服务两方面来衡量,主要指标是服务数据同源性、服务入口和移动端应用服务。 服务事项覆盖度评估的是事项清单公布情况和办事指南发布情况,包括主要以《国务院关于取消一批行政许可事项的决定》(国发〔2017〕46 号)为基准,测评相关设区市被国务院取消的前述审批事项是否在其设区市网站、浙江政府服务网被同步取消,评估纳入行政权力清单的行政权力事项(9+X)办事指南发布情况,评估公共服务事项指南发布情况。 办事指南准确度从办事的基本信息、申请材料、办理流程、表格及样表下载、收费信息、服务可用性及信息准确性等 7 个方面来评价。 在基本信息方面,评估的主要是是否明确标注了所属事项的相关信息,包括事项类型、办理对象、法定期限、办理地点、受理的时间周期、监督电话及办理依据的法律法规等。 在申请材料方面,评估的主要是是否明确注明了办理该事项所需材料的名称、数量、来源等,包括受理所需的材料的名称且材料名称不存在有歧义的描述,所需材料的来源、数量及介质要求。 在办理流程方面,评估的主要是流程环节的完备性、内容翔实性、到办事现场的次数等。 在表格及样表下载方面，评估的主要是是否有提供空表和样表下载及其表格的准确性。 在收费信息方面，评估的主要是是否明确标注所需费用、收费标准及相关的收费依据。 在服务可用性方面，主要评估的是服务网站中是否存在无法下载的附件地址、无法显示的流程图等，以及网上办事链接的可用性等。 在信息准确性方面，评估的主要是在政府服务网中发布的信息是否与实际情况相符。

在线服务成熟度从在线办理程度、在线服务关键保障技术成熟度、共享应用情况、基础设施整合情况、政务钉钉系统实施情况、行政处罚运行系统使用及处罚结果公开情况、基层治理"4个平台"信息化建设情况等方面来评价。 在在线办理程度方面，评估的主要是实现四星、五星办事事项的情况和实现"最多跑一次"事项的数量。 在在线服务关键保障技术成熟度方面，评估的是网站单点登录情况、电子签章系统应用情况、"最多跑一次"事项相关行政许可事项的文件材料电子化归档情况。 在共享应用情况方面，评估的主要是各地市依托省公共数据共享平台，为"最多跑一次"改革数据共享而调用其他单位数据的总量及减少"最多跑一次"办事事项所需材料的情况。 在基础设施整合情况方面，评估的主要是各地市电子政务云平台建设与应用情况，视联网建设规模及使用情况，本级专网迁移计划的合理性，本级互联网出口整合计划的合理性。 在政务钉钉系统实施情况方面，评估的主要是是否按照《浙江省人民政府办公厅关于开展政务移动办公系统建设的通知》（浙政办发函〔2017〕20号）要求完成合同签订、项目验收工作，以及各地市注册政务钉钉的人数、激活率和活跃率。 在行政处罚运行系统使用及处罚结果公开情况方面，评估的主要是处罚事项三级目录、事项梳理完成的情况、处罚裁量梳理的情况、处罚事项办理情况及处罚结果公开情况。 在基层治理"4个平台"信息化建设情况方面，评估的主要是基层治理信息系统和省业务协同平台集成对接情况，包括是否完成统一用户、统一业务协同、统一APP入驻等信息，网格工作人员对辖区内事件掌握情况，对辖区内事件的解决是否及时，对辖区内人口、组织机构等动态基础数据的采集情况，以及成功注册并绑定政务服务网公务账号的用户总数。

（2）政府对企业的支持

政府支持是政府部门为了宏观经济发展或者经济调控目标而制定的各项政策法规及资源补贴的总称。 政府支持是企业外部最复杂的最重要的影响因素。 政府支持主要包括技术创新政策、"放管服"改革、金融政策、税收优惠、财政补贴、政府采购、知识产权保护、科技项目规划、创新环境等（赵岩，2018）。 Manuel（2002）提出，政府支持将成为企业经营发展的"重要武器"，企业可利用政府为其创造的有利环境更好地发展。 政府对企业的支持是新型政商关系"亲近"层面的一个重要维度。 聂辉华（2018）认为，在政府对企业的"亲近"层面，应当主要关注政府的亲商政策，这主要反映了李克强总理指出的"要以简政减税减费为重点进一步优化营商环境"。我们重点关注的 3 个一级指标，分别是基础环境、金融环境和税赋环境。由于本研究是对 2018 年各城市的政商关系进行评价，所有数据均为 2017 年度的数据。

基础环境指标衡量政府财政支出对地区经济的贡献及地区社会信用建设情况，主要从"单位 GDP 财政支出""商业机构信用意识得分"和"个人信用意识得分"3 个方面衡量。 单位 GDP 财政支出是基础环境的首要指标。 经济学瓦格纳定律是指随着经济的发展，公共开支的份额会随之增大，而且公共开支增长幅度要大于经济增长幅度。 商业机构信用意识得分和个人信用意识得分可以较全面地反映出该地区社会信用建设情况。

金融环境指标衡量地区金融发展水平。 现实中由于民间资本固有的缺陷，银行对其贷款的管理存在抵押担保难、跟踪监督难和债权维护难等问题，融资困难始终是困扰我国民间资本发展的一个重要问题。 而政府可以通过金融机构拓宽民间资本融资渠道，为民间投资创造公平的融资环境。 金融环境指标下分为间接融资、直接融资和民间资本 3 个维度，其中间接融资使用年末存贷款余额/GDP 指标衡量。 目前，我国企业的外部融资主要依赖信贷支持等间接融资方式，而政府支持是国家战略的风向标，它可以提升企业的外在形象，提高企业在金融机构的评分层级，是降低贷款难度、克服资金瓶颈的有效手段（李笑等，2019）。 直接融资使用上市公司数量/规模以上工业企业数量和每亿元总市值/每百亿元 GDP 指标衡量；民间资本维度则使用私募基金公司数量/GDP 指标衡量。

税赋环境指标衡量地区企业税收负担水平及政府对高新企业的减免税支持，自在全国范围内全面推开营业税改征增值税试点后，增值税将在企业的总税赋中占到更大的比例。降低流转税负是提升小微企业市场竞争力的有效方法，可以使其的产品较同类产品具有更低的销售价格；同时，降低流转税负将减少对小微企业经营性资金的占用，降低小微企业的融资需求（汪笛晚，2017）。增值税是流转税的一种，我们认为，本年应交增值税/工业总产值可以反映一个地区工业企业主要的税赋情况。而高新技术企业所得税减免额/利润总额则较精确地测度了政府对高新企业的减免税支持情况。此外，税收政策对中小企业自主创新的促进主要通过税收激励体现，税收激励也被称为税收优惠，是指税法中规定的给予某些活动以优惠待遇的条款。税收优惠从本质上讲是政府放弃了一部分税收收入，将其让渡给纳税人，如果让渡的这部分税收收入体现在企业自主创新活动的结果中，它必然会增加自主创新活动带来的收益（张源，2010）。研发费加计扣除/R&D 也可以体现政府对企业创新和研发活动的减免税支持。

（3）民营企业活跃度

在民营企业活跃度一级指标之下，设置一项二级指标民营企业活跃度。民营企业活跃度二级指标下设有民营企业活跃度三级指标。我们采用分层随机抽样，根据人口数量对 11 个地级市进行分层，研究随机抽样调查所获得的1860 个有效样本，对浙江省新创企业数量进行评估分析。对民营企业活跃度的计算方法是：创业活跃度＝（初生创业者人数＋新企业创业者人数）/被调查总人数。所得数据再转化为百分制得分。

规模以上工业企业是年主营业务收入为 2000 万元及以上的工业法人单位。对于规模以上工业企业的数量能否反映一个地区民营企业的活跃度，可能存在不同的观点。从统计学角度来看，有多种因素影响统计数据，比如，可能报告期数据与上年公布的同指标数据之间存在不可比因素；也可能是因为统计局加强统计执法，剔除了跨地区跨行业重复统计的数据，以及"营改增"政策实施后，有些工业企业逐步将内部非工业生产经营活动剥离，转向服务业，使工业企业财务数据有所减少，工业企业数量有所减少，从而影响统计结果（STATS 2018）。 但课题组认为，这个指标能够作为客观反映民营企业活跃度的指标之一，进而反映一个地区政商关系的健康程度。（数据来源于课题组调查数据、浙江省统计年鉴）

（4）政府亲近感知度

政府亲近感知度是"亲清"指标的重要组成，包含创业者对政府亲近的感知度和公众对政府亲近的感知度两个二级指标。 对亲近的感知度计算方法是：对亲近的感知度＝1－［各选项人数总和／（被调查人数×8）］。 所得数据再转化为百分制得分。

（5）政府廉洁度

习近平总书记曾用"干部清正、政府清廉、政治清明"来形容科学有效的腐败防治体系。 在论述"亲""清"政商关系中，他进一步讲到，所谓"清"，就是官员同民营企业家的关系要清白、纯洁，不能有贪心私心，不能以权谋私，不能搞权钱交易。 干部清正，无疑是构建新型政商关系的核心。

政府廉洁度是"清白"指数的重要组成，以"干部清正"这个二级指标为观测维度，统计各地级市被各级纪委监委通报的违纪官员数占机关事业单位年末就业人员数的比率。 干部清正二级指标下设置被通报的违纪官员数／机关事业单位年末就业人员三级指标。 该项三级指标的数据主要通过检索中央纪委国家监委、浙江省纪委省监委、11 个地级市纪委市监委官方网站上"审查调查""纪律审查""曝光台"等进行统计分析。

需要说明的是，关于一个地区官员被查处的数量反映的是一个地区的反腐败程度还是政府廉洁程度，可能会存在不同的观点。 从不同的维度来观测，它既是一个腐败指标，也是一个反腐败指标。 在评估中，我们认为，这个指标能够从一个维度反映政府廉洁度，进而反映一个地区政商关系的"清白"程度。

第一，用被查处官员比例来衡量廉洁程度，其客观性的前提是，各地区在反腐败力度方面不存在系统性差异，而理论上，所评测的行政区域范围越小，地区差异就越不明显。 本评估集中在浙江省域范围内，在省委、省纪委监委的统一部署下，各地级市纪委监委在反腐败常态工作和专项工作方面均开展了行之有效的行动，尽管地区间差异仍然存在，但相对形成了力度较为均衡、尺度较为统一的反腐败工作态势。

第二，廉洁程度和反腐败力度并不是不相兼容的，反之，一个地区被查处的官员数量越多，必然不能得出该地区廉洁程度越高这一结论。

(6) 政府透明度

政府透明度指标依据浙江省各地级市政府办公室发布的《2018 年政府信息公开工作年度报告》和清华大学公共管理学院发布的《2018 年中国市级政府财政透明度研究报告》，从政府信息公开度和财政透明度两个方面进行测度。

第一，政府信息公开度。 中共中央办公厅、国务院办公厅印发的《关于全面推进政务公开工作的意见》提到政府要回应社会关切，建立健全政务舆情收集、研判、处置和回应机制，加强重大政务舆情回应督办工作，开展效果评估。 当公民对所关注的问题提出信息公开申请时，政府要依法依规明确回应主体，落实责任，对属于政府应该公开的信息及时公开，不能公开的信息也要及时说明原因，努力做到面对公众提出信息公开申请时不失声、不缺位。 所以，回应性政府是透明政府的内在要求，政府要确保对公民依法定程序提出的信息公开申请及时做出回应，以增强政府公信力。 基于以上考虑，本指标体系选择用政府对公民提出的信息公开申请按时办结情况来衡量政府的公开度。

我们通过查阅各地级市《政府信息公开工作年度报告》来梳理其中公众信息公开申请数及政府按时办结信息公开申请数，来对政府信息公开度进行评价。

第二，政府财政透明度。 习近平总书记在十八届三中全会上指出，要改进预算管理制度，实施全面规范、公开透明的预算制度。 政府财政的公开化是打造"清白"政府的一个重要内容，而衡量政府财政公开化的指标就是财政透明度。 在现代社会，财政透明度不仅是约束政府行为的重要规则，同时也是构建"亲""清"新型政商关系的基本要求。 对于我国这一处于转型期的发展中国家来说，提高政府财政透明度在规范政府行为、限制公共权力、提升政府公信力、杜绝贪污腐败、打造"清白"政府等方面具有特殊的意义，因此，我们认为，政府财政透明度是衡量"亲""清"新型政商关系构建情况的重要尺度。

本研究在梳理各地级市财政公开相关制度、了解预决算公开操作流程实施情况的基础之上，结合清华大学公共经济、金融与治理研究中心发布的《中国市级政府财政透明度研究报告》，来对各地级市政府财政透明度进行评估。

（7）政府廉洁感知度

政府廉洁感知度是"清白"指数的重要组成内容。 2016 年 3 月 4 日，习近平总书记提出，新型政商关系，概括起来说就是"亲""清"两个字。 因此，在政府廉洁感知度一级指标之下，设置二级指标，即创业者对廉洁的感知度。 对廉洁的感知度的计算方法为： 对廉洁的感知度＝1－［各选项人数总和/（被调查人数×8）］。 所得数据再转化为百分制得分。

3.2 指标计算方法与过程

本研究采用最基本也最直观、最能够体现综合评价的主观认识属性的评价模型——效用函数平均法。 这种方法不仅能具体分析不同地区的新型政商"亲""清"关系的不同层面的情况，还能综合分析新型政商"亲""清"关系的总体情况。 具体操作步骤为：

第一，将每一个指标按一定的形式转化为评价当量值。

第二，采用一定的统计合成模型计算总评价值，计算方式如下：

假设记第 i 个地区（共 n 个地区）第 j 个评估子系统（共 m 个子系统，本研究中 $m=6$）的第 k 个指标（共 p 项指标）的实际值为 y_{ijk}。 其中，$i=1$，

2, $\cdots$, n; $j=1$, 2, $\cdots$, m; $k=1$, 2, $\cdots$, p_j。　子系统内各指标权重为 w_{jk}，

且 $\sum_{k=1}^{p_j} w_{jk} = 1$。各子系统之间的权重分配系数为 w_{0k}，且 $\sum_{j=1}^{m} w_{0k} = 1$。

$f_{jk}(j=1$, 2, $\cdots$, $m; k=1$, 2, $\cdots$, $p_j)$ 为单项指标无量纲化函数（效用函数或当量函数）。$\phi_j(j=0$, 1, 2, $\cdots$, $m)$ 为第 j 个子系统内部的合成模型，ϕ_0 为总目标合成模型。

先计算无量纲化值：$z_{ijk} = f_{jk}(y_{jk})$。

再计算各系统内部的合成值 $z_{ij} = \phi_j(z_{jk}$, $w_{ijk})$。

最后计算总系统的合成值。

$z_i = \phi_0\{\phi_j[f_{jk}(y_{ijk})$, $w_{jk}]$, $w_{0j}\}(i=1$, 2, $\cdots$, n; $j=1$, 2, $\cdots$, m;

$k=1$, 2, $\cdots$, $p_j)$ 　　　　　　　　　　　　　　　　　　　　　　　（3-1）

以上即一种基于分层组合评价思想的效用函数平均法评价模型，其中有 3 个关键因素决定了最后的评价结论，分别为单项指标无量纲化法 $f_{jk}(j=1$, 2, $\cdots$, $m; k=1$, 2, $\cdots p_j)$，每项指标及子系统的权重 $w_{jk}(j=0$, 1, $\cdots$, m; $k=1$, 2, $\cdots$, $p_j)$，加权合成模型 ϕ_j。

3.2.1　指标数据无量纲化方法

指标同度量化就是将每一个评价指标按照一定的方法量化，消除因为单位不同导致的数值变化，让其成为对评价问题测量的一个量化值，即效用函数值。

从理论上说，可作为同度量化的具体方法有综合指数法、均值化法、标准化法、比重法、初值化法、功效系数法、极差变化法等。一般来说，只要单项指标的取值区间与取值点的物理含义明确，综合评价的结果是比较好理解和解释的。在众多方法中，综合指数法不仅简单，而且含义更直观，包含绝对目标的相对实现程度。同时，方法的复杂度与评价结论的合理度并无必然关系。因此，本研究将采用综合指数法，综合指数法同度量化的一般计算公式为：

$$z_{ijk} = \begin{cases} 100 \times y_{ijk}/y_{jkB} & \text{（正指标）} \\ 100 \times y_{jkB}/y_{ijk} & \text{（逆指标）} \end{cases} \qquad (3\text{-}2)$$

其中，z_{ijk} 为第 i 单位第 j 子系统的 k 指标的单项评价分数，y_{ijk}、y_{jkB} 分别为第 j 指标的实际值与标准值时。当实际值等于标准值，单项指数等于 100；当实际值优于标准值时，单项指数大于 100；当实际值劣于标准值时，单项指数小于 100。对于适度指标，则先通过单向化处理再用上述公式做无量纲化处理，或采取分段函数做无量纲化处理。

根据综合指数法的计算公式，发现确定标准值是该方法的关键。实际中常用的标准值有最大值、最小值、算术平均值、变量总值、环比速率、历史标准值、经验标准值等。由于本研究涉及的指标数据来自 2018 年的调查数据，还未进行调查更新，而实际又需要固定标准值，本研究可以将标准值设为各变量的平均值、发展目标值或最优值等。

3.2.2 权重确定

在整个评价指标体系中，各个指标的作用和重要性都是不同的，因此需要设定权重来反映各指标的相对重要性和作用。目前统计领域中存在多种方法确定权数，有主观和客观权重之分。主观权重确定方法中比较科学的是基于专家系统的 AHP 构权法，即专家 AHP 法。

AHP（Analytic Hierarchy Process）构权法，即层次分析法，它把一个复杂的决策问题表示为有序的递阶层次结构，通过人们的比较判断，计算各种决策方案在不同准则及总准则之下的相对重要性程度，从而据此对决策方案的优劣进行排序。其在构造统计权数方面的应用十分广泛，是比较有效的构权方法之一，AHP 构权法构权过程如下。

第一，选 m 位专家组成员，要求各成员对此研究领域比较熟悉且能够理解 AHP 构权法的操作思路，能够较为准确地判断在综合评价过程中不同指标之间重要性的差异。

第二，用 AHP 构权法构造各子系统下各指标重要性两两比较的比例判断矩阵。对于某一个有 p 项指标的子系统，第 k 个专家所给出的比例判断矩阵记为 $A(k)$，即

$$
\begin{array}{c}
\quad I_1 \quad\quad I_2 \quad \cdots \quad I_p \quad\quad \text{指标}\\
A(k) = \begin{bmatrix} a_{11(k)} & a_{12(k)} & \cdots & a_{1p(k)} \\ a_{21(k)} & a_{22(k)} & \cdots & a_{2p(k)} \\ \cdots & \cdots & \cdots & \cdots \\ a_{p1(k)} & a_{p2(k)} & \cdots & a_{pp(k)} \end{bmatrix} \begin{array}{l} I_1 \\ \\ \\ I_2 \end{array} , \quad k = 1,\ 2,\ \cdots,\ m \quad\quad (3\text{-}3)
\end{array}
$$

第三，计算平均合成矩阵 $\overline{A} = (\overline{a_{ij}})_{p \times p}$，式中 $\overline{a_{ij}} = \dfrac{1}{m} \sum\limits_{k=1}^{p} a_{ij(k)}$（$i,\ j = 1$，$2,\ \cdots,\ p$）。

第四，计算基于平均矩阵的重要性权向量 w，$w = (w_1 \quad w_2 \quad \cdots \quad w_p)^T$，$w$ 的计算方法很多，在判断一致性较高的情况下，不同方法之间的差异极小。本研究采用行和法确定权向量，即 $w = \sum\limits_{j=1}^{p} \overline{a_{ij}} \Big/ \sum\limits_{h=1}^{p} \sum\limits_{j=1}^{p} \overline{a_{hj}}$。

第五，计算一致性比率 CR，对判断矩阵的一致性进行检验，判断专家选取的权重的合理性。$CR = \dfrac{CI}{RI}$，$CI = \dfrac{\lambda_{\max} - p}{p - 1}$，$\lambda_{\max} = \dfrac{1}{p} \sum\limits_{i=1}^{p} \dfrac{(\overline{A}w)_i}{w_i}$，

$$
\overline{A}w = \begin{bmatrix} \overline{a_{11}} & \overline{a_{12}} & \cdots & \overline{a_{1p}} \\ \overline{a_{21}} & \overline{a_{22}} & \cdots & \overline{a_{2p}} \\ \cdots & \cdots & \cdots & \cdots \\ \overline{a_{p1}} & \overline{a_{p2}} & \cdots & \overline{a_{pp}} \end{bmatrix} \begin{bmatrix} w_1 \\ w_2 \\ \cdots \\ w_p \end{bmatrix}。
$$

其中，CI 为一致性指标，RI 为随机一致性，可查表获得。当 $CR \leqslant 10\%$，即认为判断是一致的，所构权向量是合格的。经过多轮专家咨询，在 AHP 构权法构建的判断矩阵的基础上进行平均，最后导出权值体系，得出所有 CR 均符合要求的结果。

3.2.3 "亲清"指数合成方法

加权合成模型为 ϕ_j（$j = 0,\ 1,\ 2,\ \cdots,\ m$，$\phi$ 表示总目标合成模型，其余为子系统内部合成模型），考虑到实际评价工作的现实可操作性与可直观理解性，以及所选指标的特点，本研究采用普通加权算术合成方式计算合成值，表达式为：

$$z_{ij} = \sum_{k=1}^{pj} (z_{ijk} \times w_{jk}) / \sum_{k=1}^{pj} w_{jk} \ (i = 1, 2, \cdots, n; j = 1, 2, \cdots, m) \quad (3\text{-}4)$$

3.3 总体指数排名

本章利用上文所述的综合指数方法对浙江省 11 个地级市的新型政商关系的"亲清"指数的各个构成指数进行测算，具体测算的结果及排名如表 3-3、表 3-4、表 3-5 所示。

表 3-3 浙江省 11 个地级市的新型政商关系"亲清"指数计算结果及排名

地级市	"亲清"指数	排名
杭州	91.8	1
宁波	89.2	3
温州	84.7	6
嘉兴	86.1	4
湖州	83.2	8
绍兴	85.2	5
金华	84.4	7
衢州	78.8	10
舟山	90.0	2
台州	80.6	9
丽水	78.2	11

表 3-4 浙江省 11 个地级市的新型政商关系"亲近"指数计算结果及排名

地级市	"亲近"指数	排名
杭州	88.4	1
宁波	85.3	2
温州	77.7	9
嘉兴	76.1	10
湖州	80.3	6

地级市	"亲近"指数	排名
绍兴	79.2	7
金华	82.9	4
衢州	80.3	6
舟山	83.9	3
台州	78.8	8
丽水	80.4	5

表 3-5　浙江省 11 个地级市的新型政商关系"清白"指数计算结果及排名

地级市	"清白"指数	排名
杭州	95.1	3
宁波	93.1	4
温州	91.7	5
嘉兴	96.1	2
湖州	86.1	7
绍兴	91.2	6
金华	86.0	8
衢州	77.2	10
舟山	96.2	1
台州	82.4	9
丽水	76.0	11

4

浙江省新型政商关系的"亲近"指数

4.1 浙江省新型政商关系服务分析

4.1.1 浙江省政府服务评估结果分析

(1)浙江省政府对企业的服务指标总体评估分析

根据 2018 年数据的测算结果,浙江省政府对企业的服务指数平均得分为 85.4。全省地级市之间的政府对企业服务的差异较小,其政府对企业的服务指数的变异系数为 0.06。在浙江省 11 个地级市中,政府对企业的服务指数得分在 90 以上的城市有 3 个,分别是杭州市、衢州市和金华市,它们处于第一梯队;超过一半地级市的政府对企业的服务力指数的得分在 80—90 之间,所占比例为 54.5%,分别是丽水市、嘉兴市、温州市、宁波市、台州市和绍兴市,处于第二梯队;政府对企业的服务指数得分在 80 以下的是湖州市和舟山市,它们处于第三梯队。从 11 个地级市的排名结果来看,排名前三位的是杭州市、衢州市、金华市,其政府对企业的服务指数的得分分别为 92.7、92.0、91.2;排名末两位的是舟山市、湖州市,其政府对企业的服务力指数的得分分别为 79.4、77.3(见表 4-1)。

表 4-1　2018 年浙江省 11 个地级市政府对企业的服务指数情况

地级市	政府对企业的服务力指数	排名
杭州	92.7	1
宁波	85.2	6
温州	86.6	4
嘉兴	85.0	7
湖州	77.3	11
绍兴	82.3	9
金华	91.2	3
衢州	92.0	2
舟山	79.4	10
台州	82.7	8
丽水	85.3	5

由此可知,整体来讲,2018 年全省政府对企业的服务指数水平较高,表明全省各地市政府都积极推行国家的政策方针,加快深入推进政务服务,大力改善企业的营商环境,为企业办事提供更高效的服务。 杭州市、衢州市、金华市已经取得较为满意的结果,其他地级市仍须进一步做出改善以提高政府对企业的服务力度。

(2)进一步分析与观察

政府对企业的服务指标包含服务完备与准确度和服务成熟与成效度。 从计算结果来看,2018 年浙江省政府对企业的服务完备与准确度指数的平均得分为 85.4,离散系数为 0.05;全省政府对企业的服务成熟与成效度指数的平均得分为 85.5,离散系数为 0.104。 由此可知,在政府对企业的服务方面,全省服务成熟与成效度水平略高于服务完备与准确度水平,但其地区差异度偏高,表明全省 11 个地级市政府对企业在服务成熟与成效度方面存在较大的差距。 下面就政府对企业的服务的两个二级衡量指标进行具体分析。

①服务完备与准确度。

在服务完备与准确度方面，浙江省11个地级市的服务完备与准确度指数的平均得分为85.4，变异系数为0.049。根据全省地级市的计算结果，可以发现除了台州市的服务完备与准确度指数的得分在80以下外，其他地级市的得分均在80以上，占比为90.9%。同时，有两个城市的服务完备与准确度指数在90以上，分别是衢州市和丽水市，其指数的得分分别为92.8和90.9，具体如图4-1所示。由此可知，浙江省的服务完备与准确度的总体水平较高，但在地级市之间还存在一定差距，衢州市和丽水市处于全省领先地位，而绍兴市、温州市和台州市则处于排名靠后的位置，需要进一步提高政府对企业的服务完备与准确度水平。

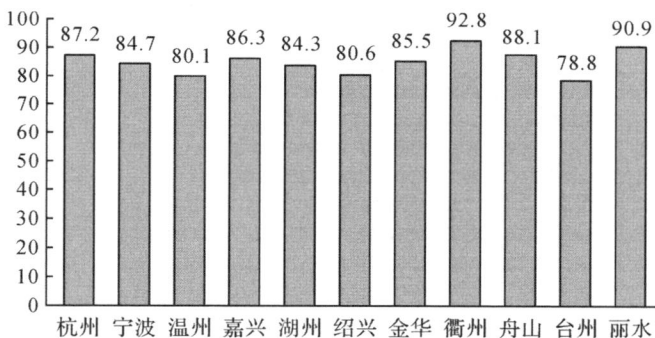

图4-1 2018年浙江省11个地级市政府对企业的服务完备与准确度指数情况

服务完备与准确度指标主要由服务方式完备度、服务事项覆盖度和办事指南准确度3个指标构成。因此，本研究将进一步分析全省11个地级市在服务方式完备度、服务事项覆盖度和办事指南准确度方面的情况。浙江省11个地级市的服务方式完备度指数的平均得分为83.7，变异系数为0.130；服务事项覆盖度指数的平均得分为85.3，变异系数为0.105；办事指南准确度指数的平均得分为81.2，变异系数为0.107。通过对比可知，总体来讲，浙江省政府对企业的服务事项覆盖度水平最高，其次是服务方式完备度；在各地区之间存在差距最大的是服务方式完备度，其次是办事指南准确度。

在服务方式完备度方面，在浙江省11个地级市中，指数的得分在90以上的城市有3个，占比27.3%；得分在80—90之间的城市有5个，占比44.5%；

60—80 的城市有 3 个,占比 28.2%。 其中,最高的是杭州市,得分为 98.6,第二、三名分别是金华市和绍兴市,得分分别为 96.8 和 91.4,可以看出,这 3 个地级市的政府对企业的服务方式较为完备。 排名靠后的是舟山市、温州市和宁波市,其服务方式完备度指数的得分分别为 64.0、68.7 和 69.8,表明这 3 个地级市政府对企业的服务方式完备度不足。 嘉兴市、衢州市、台州市、丽水市和湖州市的指数的得分均在 80—90 之间,处于中间水平。 具体如图 4-2 所示。 由此可知,浙江省 11 个地级市的服务方式完备度存在较大差距,杭州市、金华市和绍兴市的服务方式完备度较高,而舟山市、温州市和宁波市需要大力提高服务方式完备度。

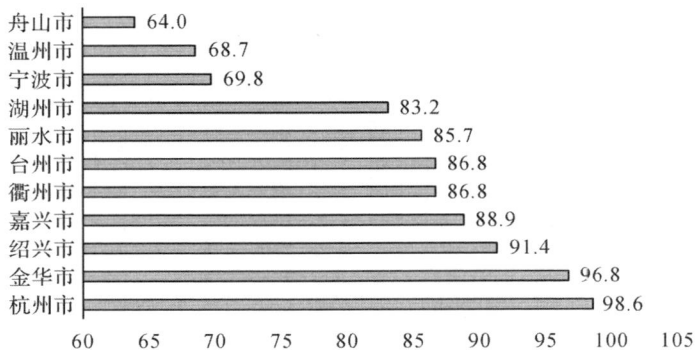

图 4-2 2018 年浙江省 11 个地级市政府对企业的服务方式完备度指数情况

在服务事项覆盖度方面,全省有 3 个地区的服务事项覆盖度指数的得分在 90 以上,占比为 27.3%。 其中,最大值为宁波市的 99.8,第二、三名分别是舟山市的 98.9 和杭州市的 92.2。 可以看出,这 3 个地级市的政府对企业的服务事项覆盖度较为完整。 有 4 个地区的服务事项覆盖度指数的得分在 80—90 之间,占比为 36.4%,分别是衢州市、丽水市、温州市和湖州市,其服务事项覆盖度指数的得分分别为 89.8、86.8、86.8、83.0。 另有 4 个地区的服务事项覆盖度指数在 70—80 之间,占比为 36.3%[①],分别是金华市、绍兴市、嘉兴市和台州市,具体如图 4-3 所示。 由此可知,浙江省 11 个地级市的服务事项覆盖度存在较大的差距,最高值超过了最低值的 36.7%,台州市、

----

① 由于数据为计算后的约数,有误差,数字相加后可能不为 100%,下同。

嘉兴市、绍兴市和金华市需要大力提高服务事项覆盖度，其他各地级市应进一步向宁波市、舟山市和杭州市靠齐。

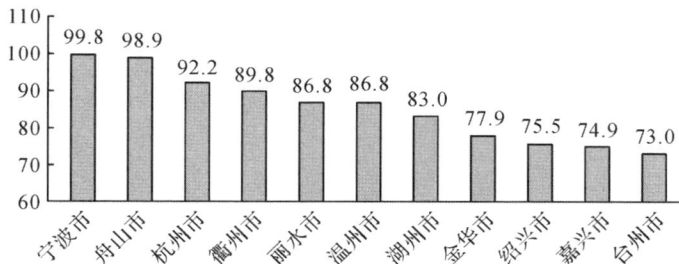

图 4-3 2018 年浙江省 11 个地级市政府对企业的服务事项覆盖度指数情况

在办事指南准确度方面，根据计算结果将 11 个地级市划分为 4 个梯队，这与其他指标有所不同。在全省 11 个地级市中，有 4 个地区的办事指南准确度指数的得分大于或等于 90，占比 36.4％，处于第一梯队，其中最大值为台州市的 94.2，第二名是金华市的 92.9，湖州市和衢州市并列第三，得分为 90.0。仅有 1 个地区的办事指南准确度指数的得分在 80—90 之间，占比为 9.1％，为宁波市的 80.9，处于第二梯队；有 5 个地级市的服务指南准确度指数的得分在 70—80 之间，占比 45.5％，分别是嘉兴市的 78.8 分、温州市的 77.7 分、丽水市的 75.7 分、杭州市的 73.5 分和舟山市的 72.3 分，处于第三梯队；排在最末位的是绍兴市，其办事指南准确度指数的得分仅为 67.8，处于第四梯队。具体如图 4-4 所示。由此可知，与前两个指标相比，浙江省 11 个地级市的办事指南准确度整体偏低，各地区均还需要提高办事指南准确度，

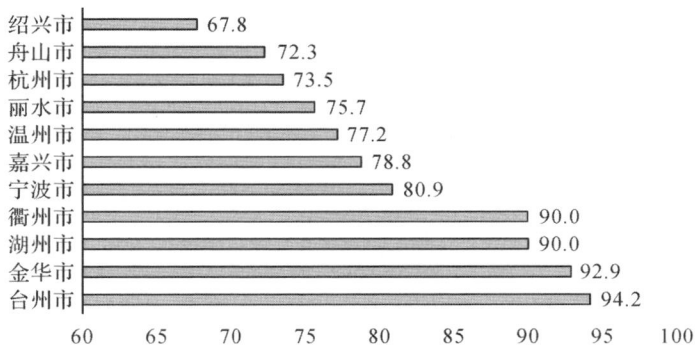

图 4-4 2018 年浙江省 11 个地级市政府对企业的办事指南准确度指数情况

尤其是得分低于 80 的 6 个靠后地级市。

②服务成熟与成效度。

在服务成熟与成效度方面,浙江省 11 个地级市的平均得分为 85.5,变异系数为 0.104。 其中,服务成熟与成效度指数的得分在 90 以上的有 4 个城市,占比 36.4%,处于第一梯队,分别是杭州市、金华市、温州市和衢州市,其值分别为 98.2、97.0、93.1 和 91.1。 可以看出,这 4 个地级市的政府对企业的服务较为成熟且效率较高。 台州市、宁波市、绍兴市和嘉兴市 4 个地级市的服务成熟与成效度指数的得分均在 80—90 之间,占比 36.4%,处于第二梯队。 而丽水市、舟山市和湖州市 3 个地级市的服务成熟与成效度指数的得分在 70—80 之间,处于第三梯队,表现较为不足。 具体如图 4-5 所示。 由此可知,浙江省的服务成熟与成效度在各地级市间存在一定的差距,杭州市和金华市领先于全省其他各地级市,而丽水市、舟山市和湖州市需进一步提高在线服务成熟与成效度,加强互联网与政务的连接与融合。

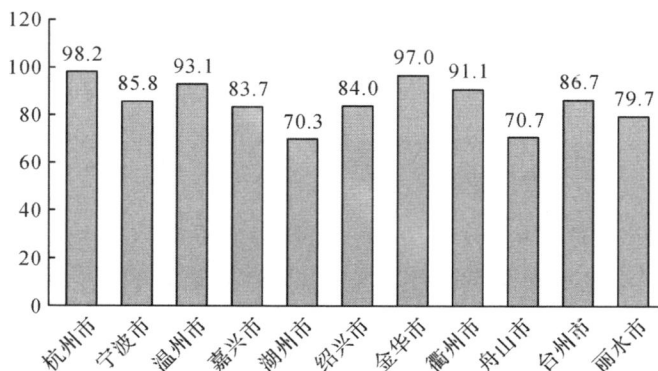

图 4-5　2018 年浙江省 11 个地级市政府对企业的服务成熟与成效度指数情况

服务成熟与成效度指标主要由在线成熟度和在线服务成效度两个指标构成。 因此,本研究将进一步分析全省 11 个地级市在在线服务成熟度和在线服务成效度方面的情况。 根据计算可知,浙江省 11 个地级市的在线服务成熟度指数的平均得分为 84.2,变异系数为 0.048;在线服务成效度指数的平均得分为 79.5,变异系数为 0.060。 通过对比可知,总体来讲,浙江省政府对企业的在线服务成熟度水平较高,各地级市之间的差距较小;在线服务成效度的水平较低,各地级市之间存在的差距较大,拉低了全省的服务成熟与成效度水平。

在在线服务成熟度方面，全省只有杭州一个地级市的在线办理成熟度指数的得分超过了 90，为 91.1，占比为 9.1％，处于第一梯队；绝大多数地级市的在线服务成熟度指数的得分在 80—90 之间，共有 8 个地级市，分别是宁波市、温州市、嘉兴市、绍兴市、金华市、衢州市、台州市、丽水市，占比 72.7％，处于第二梯队；有 2 个地级市的在线服务成熟度指数的得分在 70—80 之间，处于第三梯队，分别是湖州市（79.7 分）和舟山市（79.5 分）。 具体如图 4-6 所示。 由此可知，浙江省 11 个地级市的在线服务成熟度指数的整体水平较高，分布较为均匀，各地级市之间差距较小，但舟山市和湖州市的在线服务成熟度还需进一步提高，以缩小与其他城市的差距。

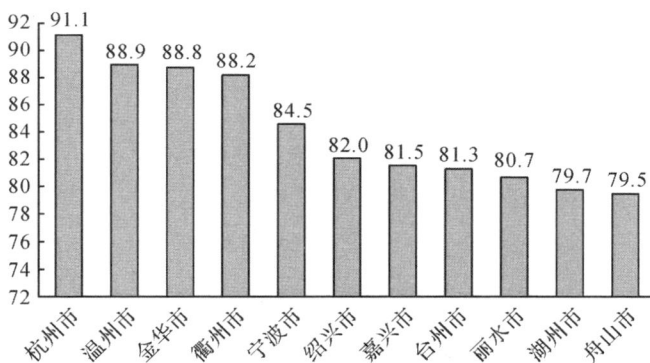

图 4-6　2018 年浙江省 11 个地级市政府对企业的在线服务成熟度指数情况

在在线服务成效度方面，根据计算结果，可以将全省 11 个地级市分为 3 个梯队，第一梯队的在线服务成效度指数的得分在 80—90 之间，有 6 个地级市，占比 54.5％，排名前三的地级市是金华市、台州市和杭州市，其在线服务成效度指数的得分分别为 85.1、84.5 和 83.3。 第二梯队的在线服务成效度指数在 70—80 之间，有 5 个地级市，占比 45.5％，分别是衢州市、宁波市、湖州市、丽水市和舟山市。 具体如图 4-7 所示。 由此可知，浙江省 11 个地级市的在线服务成效度处于较低水平，且差距较小，各地级市均需要重点提高政府对企业的在线服务成效度。

总体来讲，在浙江省各地级市政府对企业的各项服务指标中，水平相对较好的是在线服务成熟度，而相对较弱的是在线服务成效度。 在全省 11 个

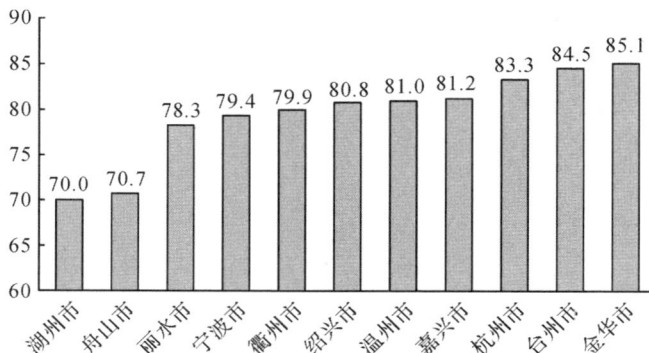

图 4-7　2018 年浙江省 11 个地级市政府对企业的在线服务成熟度指数情况

地级市中，政府对企业的服务整体表现得较好的是杭州市、衢州市、金华市，但同时每个地级市均有不同程度的不足，需进一步改善提高。

4.1.2　基于评估结果的观察与建议

在 11 个地级市中，杭州市、衢州市、金华市在此方面表现突出，各方面指标都体现出政府对企业较高的服务能力。从二级指标来看，杭州市、金华市的服务成熟与成效度指数的得分较高，而在服务完备与准确度方面还存在一定的提升空间。从地区看，各地级市评分差距仍相当明显，说明各地级市政府对企业的服务能力的差异还较大。尤其是舟山、湖州等地级市，服务能力偏弱，政府应意识到政商关系建设中存在的问题并加以改进。

针对以上问题，为进一步促进服务成熟与成效度和服务完备与准确度指数的提升，提高政府的服务能力，同时缩小各地级市政府服务能力的差距，推动各地级市协同发展，我们建议：

第一，进一步加强网上政务服务平台信息资源的集约统一，加强信息共享和业务协同。一方面，大力推动网上政务服务标准化，形成多地区多部门协同推动政务服务的协调机制建设与完善，避免重复采集、一数多源等情况。另一方面，继续强化顶层设计和统筹协调，积极推进政务信息资源的共享共用，推动政府信息资源的开放和共享共用，促进对"互联网＋政务服务"新思路和新模式的探索。

第二，进一步提升网上政务服务平台的覆盖面和精细度，促进线上线下深度融合，整合多渠道服务，完善 "互联网＋政务服务"相关法规制度；同时，以企业和群众对"互联网＋政务服务"需求为导向，提高服务能力，完善服务保障机制体制，全方位提升网上政务服务能力。

4.2 浙江省新型政商关系支持力分析

4.2.1 浙江省政府支持力评估结果分析

（1）浙江省政府对企业的支持总体指标分析

浙江省 11 个地级市的政府对企业的支持指标指数中的最高分为 87.5，最低分为 67.4，大多数地级市的得分都在 70—80 之间。浙江省 11 个地级市的政府对企业的支持力指数的得分总体呈现 4 个层次，省会杭州市为 87.5 分，超过第二名舟山市 10.9 分，大幅领先于其他市，构成第一梯队；宁波市、舟山市和台州市的分值在 75 以上，构成第二梯队；金华市、绍兴市、嘉兴市、湖州市与温州市紧随其后，构成第三梯队；衢州市和丽水市的得分最低，构成第四梯队。其中，第一、二梯队的杭州市、宁波市、舟山市、台州市 4 市的得分高于浙江省平均水平 75.1，第三梯队的金华市、绍兴市、嘉兴市、湖州市与温州市等 5 市的得分略低于全省平均水平，处于第四梯队的衢州市和丽水市则在政府对企业的支持力度上存在较多问题（见表 4-2）。

表 4-2　政府对企业的支持指数

地级市	政府对企业的支持指数	排名
杭州	87.5	1
宁波	76.5	3
温州	73.5	9
嘉兴	74.4	6
湖州	74.2	7
绍兴	74.0	8

地级市	政府对企业的支持指数	排名
金华	74.8	5
衢州	71.0	10
舟山	76.6	2
台州	75.9	4
丽水	67.4	11

从地理位置看，浙江东部沿海地区城市（杭州市、舟山市、宁波市及台州市）的政府支持力指数的得分较高，浙江中部城市（绍兴市、金华市和湖州市）次之，而位于浙江西南地区的城市（衢州市和丽水市）的政府支持力指数的得分最低。 原因在于浙江东部沿海地区的经济比较发达，市场化程度较高，有助于营商环境的建设，而浙江中部和西南部地区的经济发展水平相对较低，说明这些地区的城市在提升政府支持的基础环境、金融环境和税赋环境建设方面还有很大提升空间。

从行政级别看，城市行政级别与政府支持力指数的得分呈显著正相关关系。 城市级别越高，政府支持力指数的得分越高。 由上述数据可知，省会城市的政府支持力指数的整体水平高于省内其他城市，说明省会城市在推进改革的过程中有效发挥了引领作用。 行政级别越高的城市，政庶行政权限越大，优惠政策越多，吸引的人才越多，市场竞争越激烈，企业全要素生产率（Total Factor Productivity，TFP）也越高（江艇等，2018），这些因素都有利于推动政府为企业提供更多的支持，促进企业更好发展及区域经济水平的提高。

从经济水平看，经济发展程度与政府支持力水平呈正相关关系，表现为经济发展水平高的地区，政府对企业的支持力指数的得分越高。 一个地方通过发展经济，可以改善营商环境；反过来，改善营商环境，又可以推动经济发展。 所以说，经济发展和营商环境是互为因果的。

（2）进一步分析与观察

①基础环境。

单位 GDP 财政支出。 本研究利用《中国城市统计年鉴》等各类公开数据，对浙江省 11 个城市的政府支出/GDP 的百分比进行评价，从高到低，按 10 分到 0 分赋分。 本次评估中，2014—2017 年期间该项指标得分较高的城市为丽水市，最低的为绍兴市。 这说明丽水市政府的支出占 GDP 的比重较大，当地政府财政支出对于经济的贡献水平较为显著，绍兴市相反。 根据 2017 年绍兴市和丽水市的政府工作报告，绍兴市 2017 年的 GDP 为 5108.0 亿元，在当年浙江省 GDP 排名中居于第四位；丽水市 2017 年的 GDP 总量仅为 1298.20 亿元，远低于绍兴市，在当年浙江省 GDP 排名中居第十位（见图4-8）。 根据 2017 年绍兴市和丽水市的财政决算报告，当年绍兴市一般公共决算支出为 73.30 亿元，丽水市一般公共决算支出为 45.1 亿元，说明造成丽水市与绍兴市数据差异的原因主要是丽水市的 GDP 过低，从而造成了财政支出比重偏高。

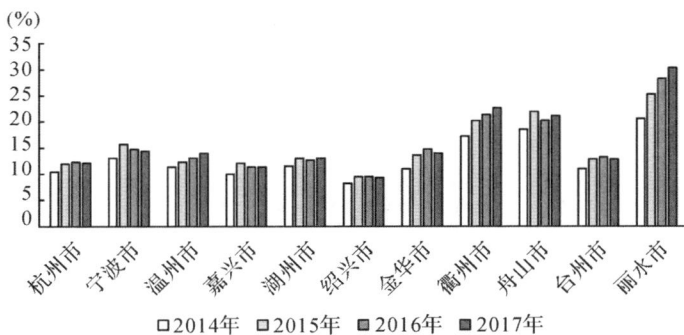

图 4-8　各地级市单位 GDP 财政支出情况

商业机构信用意识得分。 本书利用"信用中国"等公开数据，对浙江省 11 个地级市的商业机构信用意识水平进行评价。 在本次评估中，2017 年该项数据得分最高的城市是杭州市，且远高于其他地级市，构成第一梯队。 2017 年，杭州市积极贯彻落实国家发展改革委员会等发布的诚信建设指导意见，主动加强电子商务、药品生产流通等领域经营主体的诚信建设，已取得了良好成效，因此表现良好。 宁波市、温州市、嘉兴市、湖州市、绍兴市、金华市、台州市等 7 个地级市得分均为 73.3，略高于全省平均水平（72.1 分），构成第二梯队。 衢州市、舟山市、丽水市 3 个地级市得分均为 60，在 11 个地级市中处于最低水平。 这表明上述地级市在加强商业机构信用建设中存在一定不足，未来要进一步改善（见图 4-9）。

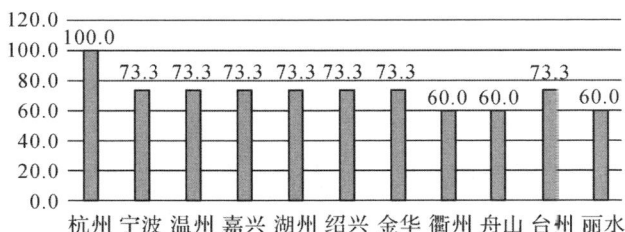

图 4-9　各地级市商业机构信用意识得分

个人信用意识得分。　本书利用"信用中国"等公开数据,对浙江省 11 个地级市的个人信用意识水平进行评价。　本次评估中,2017 年该项数据得分最高的城市是杭州市,远高于其他地级市,与温州市构成第一梯队。　2017 年,杭州市积极推动个人诚信体系建设,通过加强个人诚信教育、广泛开展诚信宣传、推进个人诚信记录建设及完善个人守信激励和失信惩戒等措施,极大地提升了公众的信用意识。　宁波市、湖州市、金华市等 3 个地级市得分均为80.0,略高于全省平均水平(76.4 分),构成第二梯队。　嘉兴市、绍兴市、衢州市、台州市和丽水市 5 个地级市得分均为 70.0 分,构成第三梯队。　舟山市得分为 60,在 11 个地级市中处于最低水平。　这表明舟山市在加强个人信用意识宣传、推进信用体系建设等方面存在一定不足,未来需要进一步加强(见图 4-10)。

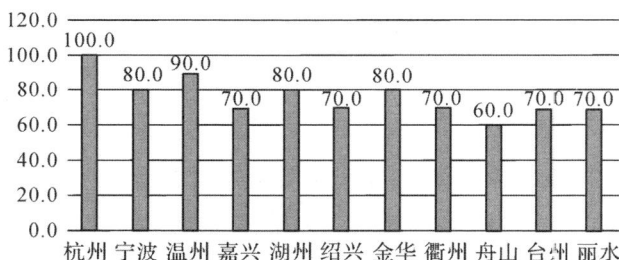

图 4-10　各地级市个人信用意识得分

②金融环境。

年末存贷款余额/GDP。　为加快全省金融产业发展,浙江省人民政府办公厅于 2015 年 6 月 23 日印发《浙江省金融产业发展规划》,力图加强规划引导,适应经济发展新常态,顺应金融发展新趋势,切实采取有力举措加快发展浙江省金融产业,着力构建五大金融产业、四大金融平台、三大区域金融布局的"大金融"产业格局。 存贷款是金融市场组织为经济发展提供资金支持的最重要的来源和方式。 一般认为，金融市场组织的基本功能就在于积聚存款、投放贷款，以优化资金配置，积极动员各经济部门为区域经济发展做出贡献。 存款积聚不足即为资本供给不足，是区域经济发展的基本障碍；而储蓄充足时，要促进经济发展，还须以储蓄能够充分有效地转化成投资为前提。存贷款余额能反映金融环境对该地区企业资金持有量的影响。 此指数数据来自《中国城市统计年鉴》的同名指标数据。 评分标准为从高到低，按 10 分到0 分赋分。

本次评估中 2014—2017 年期间该项指标得分较高的城市为杭州市、金华市和宁波市，较低的城市为湖州市、绍兴市和衢州市，但城市之间差别不大。这说明杭州市、金华市和宁波市政府积极优化资金配置，在当前金融环境下积聚存款、投放贷款的能力较强，金融机构对区域经济发展的参与贡献较大（见图 4-11 ）。

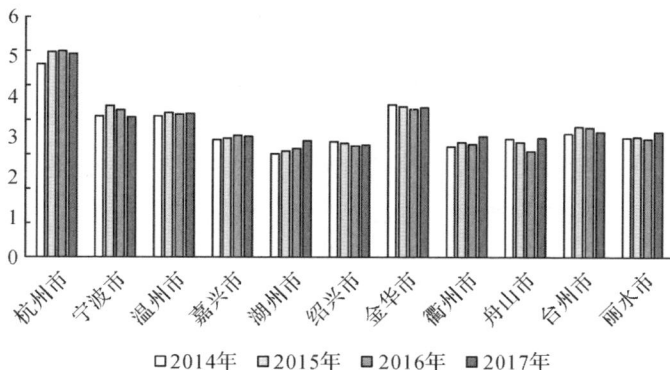

图 4-11　各地级市年末存贷款余额/GDP 情况

直接融资水平指数。 2013 年，全国小微企业金融服务经验交流电视电话会议提出，要大力拓宽直接融资渠道，提高小微企业直接融资比重。 在 2017年的全国金融工作会议上，中央再次对提高直接融资做出了明确部署。 这一信息传递出的积极信号表明，国家对扩大企业直接融资比重的政策坚定不移，企业未来的融资需求很大部分会从过度依赖银行间接融资逐步向直接融资转变。 这既有利于企业改善融资结构、减轻融资成本，也有利于优化银行信贷结构，进一步提升银行服务实体经济的水平。 因此，直接融资水平的高低可以直接反映当地政府对企业的金融支持力度。 本研究的数据来源于同花顺。
评分标准是将各市上市公司总市值与上市公司数量从高到低，按 10 分到 0 分
赋分，再将所得分数分别按 70% 与 30% 的权重进行组合打分。

本次评估中 2014—2017 年期间该项指标得分较高的城市为杭州市、宁波
市、绍兴市，得分较低的为舟山市、丽水市、衢州市，其中舟山市的得分为
0，说明该城市企业想得到直接融资非常困难（见图 4-12）。

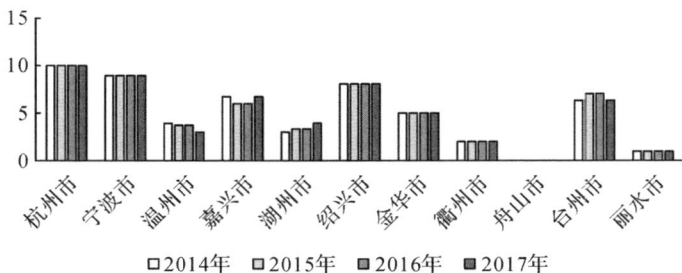

图 4-12　各地级市直接融资水平指数情况

私募基金公司数量/GDP。 为优化金融业态结构，提升直接融资比重，丰
富金融市场的功能和层次，同时通过招引和鼓励私募金融机构集聚发展，引导
社会资金有序流入实体经济，并促进广大群众共享财富增值服务，浙江省杭州
市、嘉兴市、宁波市等近两年纷纷出台关于加快本市私募金融服务业发展的实
施意见，从财政、税收等方面大力扶持私募金融机构。 因此，该指标能够反
映当地政府对私募金融机构的扶持力度。 本研究数据来源于同花顺。 评分标
准为从高到低，按 10 分到 0 分赋分。

本次评估中 2014—2017 年期间该项指标得分较高的城市为杭州市、嘉兴
市和宁波市，较低的城市为丽水市、衢州市和台州市，但城市之间差别不大。
这说明杭州市、嘉兴市和宁波市政府积极优化资金配置，在当前金融环境中积
聚存款、投放贷款的能力较强，金融机构对区域经济发展的参与贡献较大（见
图 4-13）。

③税赋环境。

本年应交增值税/工业总产值。 经国务院批准，自 2016 年 5 月 1 日起，
在全国范围内全面推开营业税改征增值税（以下称营改增）试点工作，建筑
业、房地产业、金融业、生活服务业等全部营业税纳税人，纳入试点范围，由

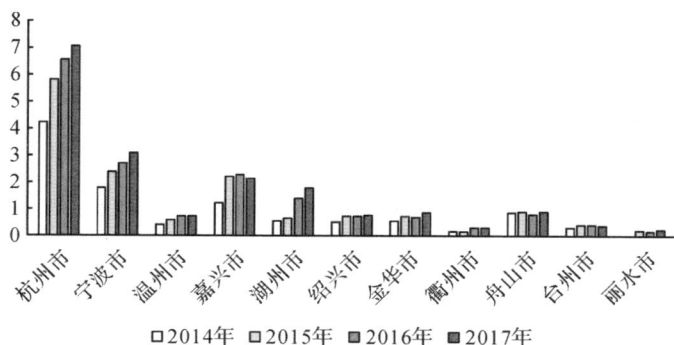

□2014年 □2015年 ■2016年 ■2017年

图 4-13　各地级市私募基金公司数量/GDP 情况

缴纳营业税改为缴纳增值税。 改革之后，增值税将在企业的总税赋中占到更大的比重。 该指标可以反映一个地区工业企业主要的税赋情况。 本文选取的数据来自《中国城市统计年鉴》的同名指标数据，评分标准为从高到低，按 10 分到 0 分赋分。

本次评估中 2014—2017 年期间该项得分较高的城市为衢州市，得分较低的城市为舟山市、绍兴市。 这说明衢州市近年来政府对工业企业的税收优惠较多，税赋环境较为宽松（见图 4-14 ）。

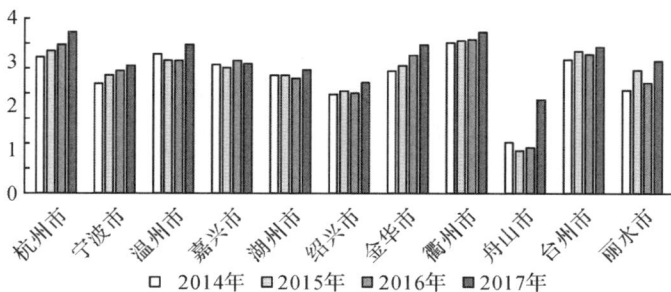

□ 2014年 □ 2015年 ■ 2016年 ■ 2017年

图 4-14　各地级市年末存贷款余额/GDP 情况

(3)总体评估结果

就总分来看，各地区间分数差异较大，但同一地区各年度的分数比较稳定，同年度各市的排名也较为稳定。 具体来看，宁波市、杭州市、舟山市的总分始终位列前三位，而衢州市、丽水市政府对企业的支持力度较小。 这说明各地区政府对当地企业的支持力度存在差异，对企业的重视程度也有所不同。 就分项指标来看，各地区间分数差异较大，各年度间分数有所波动，说明各地区政府对企业支持力度的差异可能是受基础环境、金融环境及税赋环境等因素的影响。

4.2.2　基于评估结果的观察与建议

（1）评估观察结果

从评估结果来看，浙江省各地级市企业受政府支持的力度在 2014—2017 年基本保持稳定，各地级市评估名次的变化不大，说明各地政府与企业的关系结构比较稳定，不太可能存在大幅增大或减小对企业的支持力度的情况。 在 11 个地级市中，宁波市、杭州市、舟山市在此方面表现突出，各方面指标都体现出政府和金融机构对企业发展的重视，同时为企业创造了宽松的金融环境与税赋环境。 但衢州市的情况则完全相反，无论是基础环境、金融环境还是税赋环境，政府给予企业的支持都相对较少。 然而，整体的评分区间有所缩小，说明各地级市企业受政府支持的力度的差异逐渐减小，地级市政府都意识到了政商关系的问题并加以改进。

（2）政策建议

在提升政府对企业的支持力度方面，应当从基础环境、金融环境、税赋环境入手，把改善税赋环境作为重点工作推进。

①基础环境。

政府应当全面调整财政支出结构。 政府根据不同地区财政支出的结构现状特点和存在的问题进行财政支出结构的调整。 比如，为了解决绍兴市单位 GDP 财政支出水平比较低的问题，需要增加财政支出的总量和规模。 而针对丽水市单位 GDP 财政支出水平比较高的原因是 GDP 过低，丽水市政府应该加强经济建设，增强政府对企业经济发展的政策支持和资金支持。 此外，要增加社会公共性支出，尤其是财政科技支出。 基础性科研是财政科技投资的主要内容，还要优先发展生物化工、人口、信息等高新技术领域。

深化政府机构改革，压缩行政经费。 精简机构，纵向间多余的机构应撤销，横向间重复的机构要合并，促使机构设置向公共服务型转变；建立公务员竞争机制，提高办公效率；支出向公用经费倾斜，取消变相的私人消费。

提高财政支出的效率，即提高财政支出的制度效率和决策效率。 政府部门进行部门预算时要进一步细化预算编制，加强预算审查；建立预算编制质量和项目绩效的考评机制。 同时，建成安全、高效、便捷的现代化信息系统；加强法制建设，制定财政决策的法律依据，将公共支出决策的制定和执行纳入法制化轨道。

②金融环境。

完善企业资信网络，降低信贷风险。 金融机构对民营经济的支持要有依据，注意风险防范；依靠正在全国范围内推广使用的银行信贷登记咨询系统，使用好个人信用项目，使金融机构准确了解企业的资信情况，确定可靠的信贷关系；充分利用互联网金融平台，基于平台大数据开发对企业进行信用评级；要帮助和督促民营企业主建立符合规范的财务制度，完善财务报表，使银行能够准确了解企业的财务信息，便于对贷款使用情况进行跟踪监控，确保贷款的安全性。

借鉴国外经验，发展地方性银行。 解决民营企业的融资困难，我们有必要借鉴国外的经验，考虑发展地方性金融机构和民营银行；引导民间资本组建地方金融机构，在当前对于促进和规范民间投资具有重要意义；只要监管得当，既可以形成我国金融市场的多元化，又可以活跃民间投资。

发挥政府职能，重建社会信用。 政府要重视银行债权的维护工作，摒弃地方保护主义和地方功利主义的思想，努力塑造良好的地方声誉和形象；要配合银行运用法律和行政手段，制裁不讲信誉企业的逃废债行为；积极邀请银行参与企业改制，依法支持企业破产；要严肃查处有关部门对银行的"三乱"行为，切实减轻银行负担；应大力开展信用评级活动，形成人人讲信誉的良好氛围。

③税赋环境。

推进制度创新，构建浙江民营企业税务营商环境评价体系。 政府应尽快构建具有浙江本地特征的税务营商环境评价体系，比如，可以从评价体系的构建依据、基本原则、逻辑框架、体系结构等维度进行设计；在体系构建过程中，应以现行税收制度为纲，体现税务营商环境的改革方向，以纳税人满意度为准绳，确保源头信息的可获得性、信息渠道的真实可靠、调查对象选取的代表性与科学性。　与此同时，需准确及时地反映在浙江民营企业税务营商环境下所取得的进步与成就。

完善税收优惠政策，鼓励中小企业自主创新。　政府应充分运用税前扣除、投资抵免、先征后退、即征即退、亏损结转、加速折旧等多种间接优惠方式，辅以免征、减征和优惠税率等直接优惠方式，来鼓励中小企业的自主创新活动。

优化税收服务体系。　税务部门要优化税收服务体系，加强税收法规政策宣传、纳税辅导和纳税培训等服务，为民营企业提供优质纳税服务，营造良好的纳税环境；通过简化民营企业纳税申报程序和纳税申报时附送的资料，以节省纳税时间和纳税成本。　此外，还可积极推行税务代理制度，充分发挥中介机构的作用，提高税务部门的工作效率。

4.3　浙江省新型政商关系企业活跃度分析

4.3.1　浙江省企业活跃度评估结果分析

(1)浙江省企业活跃度总体评估结果

对浙江省企业活跃度的调查结果显示，被评估的 11 个地级市的企业活跃度指数的平均得分为 84.7，其中湖州市、宁波市和舟山市位列前三名，分别得到了 100.0 分、97.8 分和 97.2 分。　嘉兴市的得分最低，仅 60.0 分（见表4-3）。

2018 年，浙江省整体民营企业活跃度呈现稳定发展的态势。　从新创企业的角度看，创业者人数有微小幅度增长，其中新企业创业者人数远多于初生创业者。　从规模以上工业企业的数量来看，浙江省整体表现略有下降，11 个城市中仅有 4 个城市的规模以上企业的数量有小幅增加，其余都呈现减少的态势。　综上，浙江省民营企业活跃度总体表现一般，较往年未见明显提高。

表 4-3　企业活跃度指数

地级市	企业活跃度指数	排名
杭州	87.4	6
宁波	97.8	2
温州	68.4	10
嘉兴	60.0	11
湖州	100.0	1
绍兴	77.9	8
金华	85.2	7
衢州	91.3	5
舟山	97.2	3
台州	72.1	9
丽水	94.3	4

（2）进一步分析与观察

①初生创业者、新企业创业者情况。

对浙江省创业者比例的总体分析结果显示，浙江省的总体创业处于较高的发展水平。2018 年的创业者比例为 52.8％，与 2016 年的创业者比例 51.8％相比，略有增长。该数据表明，半数以上的浙江民众都参与到创业之中，这与浙江省历来的创业传统和当前良好的创业政策息息相关。对浙江省初生创业者比例和新企业创业者比例的分析结果表明，浙江省具有较高的创业热情和创业活跃度。就初生创业者和新企业创业者的人数与比例而言，杭州市和温州市在全省都处于较高水平。此外，浙江省初生创业者、新企业创业者和早期创业者（初生创业者比例与新企业创业者比例之和）占样本总数的比例，分别为 5.97％、23.87％和 29.84％。早期创业者比例这一数据表明，浙江省近三成的人为初生和新企业创业者，高于 2016 年报告中的 22.4％，这个结果显示浙江省具有很强的经济活力。但必须说明的是，初生创业者比例远小于新企业创业者比例，这可能是因为不乐观的国内外总体经济形势导致近期内浙江省处于创业低潮。

接下来，我们进一步观察浙江省初生创业者与新企业创业者的区域分布与区域比较情况。 通过图 4-15、图 4-16 可以发现，杭州市、温州市、宁波市和台州市的早期创业者人数较多，而湖州市、衢州市和舟山市的早期创业者人数较少。

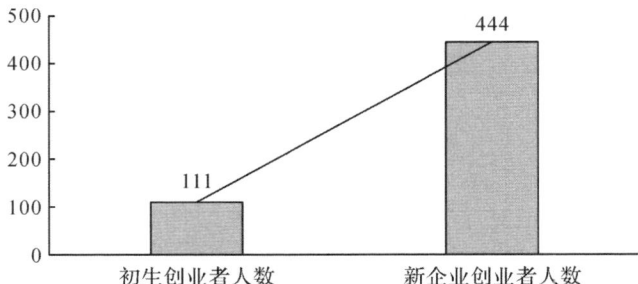

图 4-15 2018 年浙江省初生创业者和新企业创业者人数

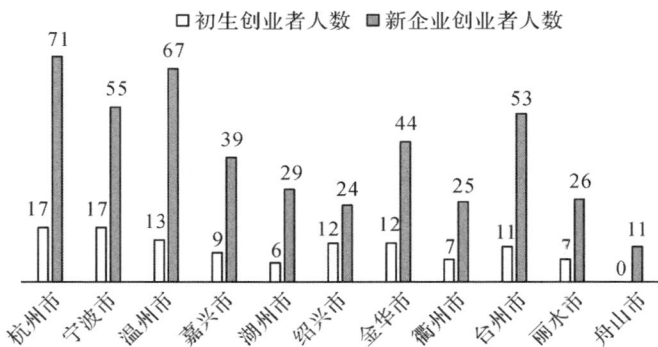

图 4-16 浙江省各地级市初生创业者和新企业创业者人数

调查显示，在 1860 个有效样本中，创业者人数为 982 人，占总样本人数的 52.8%。 这个数据相较于 2016 年的创业者比例 51.8% 略有增长。 这其中，初生创业者 111 人，新企业创业者 444 人，说明浙江省新企业创业者的人数远远大于初生创业者人数。 与 2016 年的调查数据相比，初生创业者人数的占比有小幅增长，从 4.9% 增长到 6.0%；新企业创业者人数有较大幅度的增长，占比从 17.4% 增加到 23.9%（见图 4-17）。

我们进一步计算各地级市初生创业者比例和新企业创业者比例。 通过图 4-18 可以发现，初生创业者比例相对较高的是宁波市和绍兴市，初生创业者

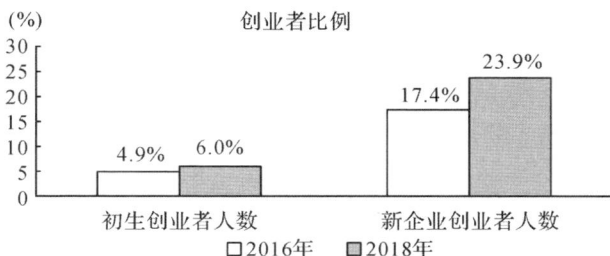

图 4-17 2016 年和 2018 年浙江省初生创业者和新企业创业者人数比例的变化情况

比例相对较低的是温州市、台州市和舟山市；新企业创业者比例相对较高的是湖州市和舟山市，新企业创业者比例相对较低的是绍兴市。

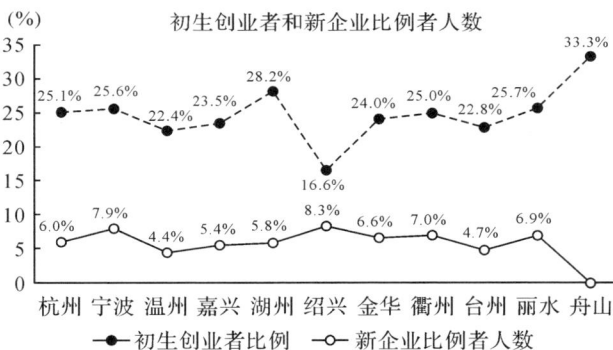

图 4-18 浙江省各地级市初生创业者和新企业创业者比例

需要说明的是，第一类少于 3 个月的初生创业者主要关注初创期创业机会和资金筹集等问题；第二类新企业创业者是初生创业者的延续，这个阶段的创业者考虑的主要问题是如何生存下去；第三类已有企业创业者，其参与创业活动的时间超过 42 个月，这种创业者主要关注创业活动如何更好地延续与发展。从区域或者国家的角度来看，初生创业者和新企业创业者数量的多少，很大程度上反映了区域经济活力的情况。

②规模以上企业增长率。

统计数据表明，2014 年浙江省总计有 40 852 家规模以上企业，于 2015 年略增长至 41 177 家，至 2016 年略减少至 40 138 家，在 2017 年持续减少至 39 941 家。从城市角度来看，杭州市、温州市、金华市、舟山市和台州市的规模以下企业的数量均呈现持续减少的趋势。值得注意的是，丽水市和衢州市的规模以上企业的数量呈现明显的大幅下降趋势。 上述 11 个城市中仅有 4 个城市，即宁波市、嘉兴市、湖州市和绍兴市的规模以上企业数量呈现小幅增长的趋势。

4.3.2　基于评估结果的观察与建议

综上所述，浙江省民营企业活跃度尽管总体维持在较高的水平，却也有不尽如人意的表现。 浙江省有较高的创业者比例，并且有大量的新企业创业者，这有力证明了浙江作为创业大省的地位。 但也必须指出，浙江省相对较低的初生创业者比例，以及相对创业氛围而言较低的创业潜力评价，均表明浙江在创业强省方面的表现并不尽如人意，特别是较为严峻的国际贸易形势和国内转型升级压力可能在一定程度上限制了浙江省人民的创业热情。

4.4　浙江省新型政商关系的政府亲近感知度分析

4.4.1　浙江省政府亲近感知度评估结果分析

(1)浙江省政府亲近感知度总体分析结果

浙江省各地级市对政府亲近感知度调查结果显示，被评估的 11 个地级市的政府亲近感知度的平均得分为 85.9。 其中，舟山市、宁波市和绍兴市位列前三名，分别得到了 100.0 分、95.4 分和 93.0 分；衢州市的得分最低，仅 60.0 分（见表 4-4）。

表 4-4　政府亲近感知度指数

地级市	政府亲近感知度	排名
杭州	81.2	9
宁波	95.4	2
温州	86.8	7
嘉兴	88.3	6

地级市	政府亲近感知度	排名
湖州	73.8	10
绍兴	93.0	3
金华	85.1	8
衢州	60.0	11
舟山	100.0	1
台州	91.7	4
丽水	89.7	5

　　总体来说，浙江省政商关系之间的"亲"是比"清"更难解决、更难划定权责的问题。这是因为如果政府与企业之间关系太过亲密，容易忘记"清"的界限，出现政商勾结的情况。并且，一旦企业出事，政府很难撇清关系。在我们关于"创业者对于当下政商关系的总体感知"的调查中，"官商勾结"是得票数最高的选项。那么在这样的情况下，政府自然会疏远企业家，即使这样的行为会直接导致"懒政、不作为"。但是从政府的角度来看，这不失为一种"安全"的选项。并且，政府与某些企业来往过密，容易造成另外一些企业的不满。我们的调查表明，有18.4%的企业家认为，"政商关系呈现圈子化，难以进入"。从企业家的角度来看，企业家不亲政府的主要问题在于，没有沟通意识，没有事就不会主动去找政府部门沟通。当然，这是因为政府与企业之间缺乏畅通的沟通渠道（见图4-19）。

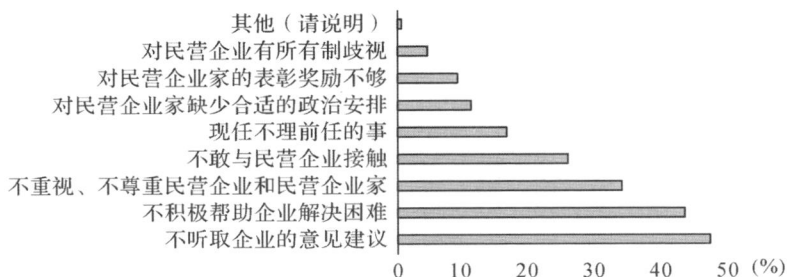

图4-19　官员不"亲"企业家的表现

(2)进一步分析与观察

接下来我们分析上述最突出的两项表现——"不听取企业意见建议"和
"不积极帮助企业解决困难"在浙江 11 个地级市的表现情况。 图 4-20 中的
数据表明,浙江省除了舟山市以外,普遍存在政府不听取企业的意见和建议的
情况。 其中,丽水市、绍兴市和衢州市表现不佳,均有超过半数的企业家认
为,政府存在不听取企业的意见和建议的问题。

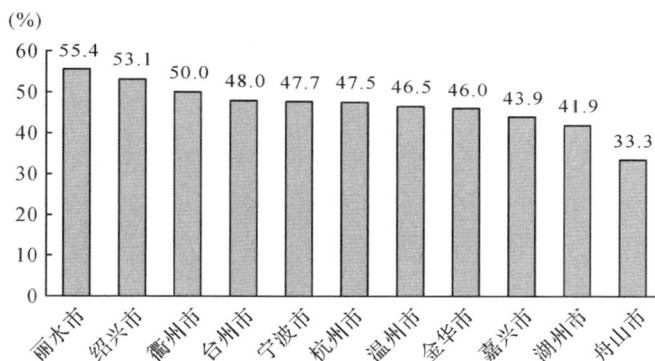

图 4-20 选项"不听取企业的意见建议"在各地级市的所占比例

图 4-21 中的数据表明,相较于不听取企业家意见建议的表现,浙江省在
不积极帮助企业解决困难方面,总体表现略好。 其中,嘉兴市表现最佳,其
次是舟山市。 然而,值得注意的是,湖州市、衢州市和丽水市表现不佳,均
有超过半数的企业家认为,政府存在不积极帮助企业解决困难的情况。 其中,

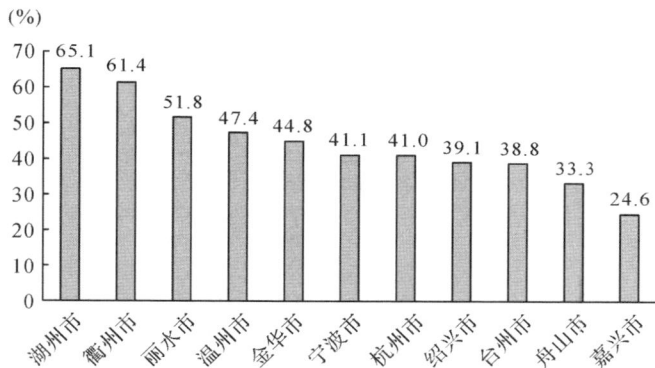

图 4-21 选项"不积极帮助企业解决困难"在各地级市的所占比例

湖州市得到最高比例的投票，达到 65.1%。

那么，是什么原因导致企业家和政府部门关系不"亲"呢？ 图 4-22 中的调查数据试图解释企业家不"亲"党政干部的原因。 与不"清"的问题相似，不"亲"的问题是相互的。 企业家不"亲"党政干部最大的原因是"没有沟通交流的渠道"，占比 42.7%，湖州市和衢州市这一比例均超过 60.0%；"企业没事不去找政府"，占比 37.5%；"党政干部疏远企业家"，占比达到 30.9%；"政府不重视企业家的意见建议"，占比达到 26.7%。 值得一提的是，最主要的两个原因，"没有沟通交流的渠道"与创业者年龄基本呈负相关关系，即年龄越小的创业者与政府的沟通渠道越少；"企业没事不去找政府"与创业者年龄基本呈正相关关系，即年龄越大的创业者越不倾向于找政府交流和解决困难（见图 4-22）。

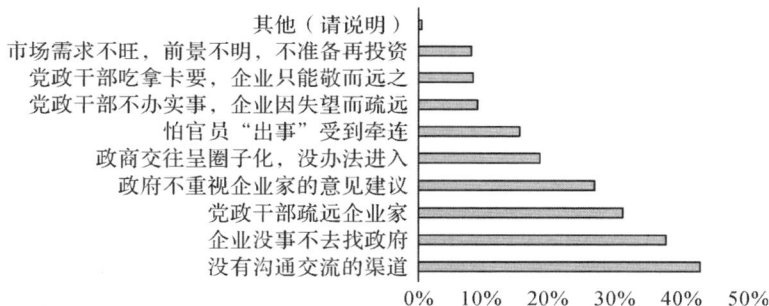

图 4-22 企业家不"亲"党政干部的原因

从创业者自身发展的角度来看，如何推动企业家做到"亲""清"发展？ 59.1%的创业者认为，要营造公开、公平、公正的市场环境；31.5%的创业者要求提高政务服务透明度；30.6%的创业者要求加强法治建设，推动依法治企、依法维权。 从地级市间的比较来看，衢州市的有关创业者上市的选项均得分较高。

4.4.2　基于评估结果的观察与建议

针对政商关系中党政干部与民营企业家不"亲"的表现，应划出党政领导干部与民营企业家交往的底线与高线。 党政领导干部不仅要守住底线，而且要看齐高线，既不能乱作为也不能不作为，只要出于公心，不但要与民营企业家常接触交往，而且要主动热情。　与此同时，继续加强党风廉政建设，解决少数干部"为官不为"的问题。　针对企业家不"亲"党政干部的问题，应强化沟通意识，保证沟通渠道充分和通畅。　一是地方政府应该对转型时期的社会沟通的重要性加强认知，认识到沟通是很多问题得到化解、提前化解的重要途径；二是对于沟通渠道不充分的问题，应建立企业家与政府有关部门之间的沟通渠道"清单"，拓宽制度化的、正式的沟通机制，不管是工商联、政协还是人代会，要让企业家们觉得有多元化的正式沟通渠道；三是对于沟通不通畅的问题，建议政府将企业家通过正式渠道反映的问题纳入督查范围，限期督办，务必给当事人一个合理合法的解释或解决方案。

5

浙江省新型政商关系的"清白"指数

5.1 浙江省新型政商关系政府廉洁度分析

5.1.1 浙江省政府廉洁度评估结果分析

本节依据中央、浙江省及其 11 个地级市纪委监委官方网站发布的官员被通报情况，以一个地区被中央、省、市纪委监委通报的违纪违法官员数占该地区机关和事业单位就业人员数的比例来测评该地区干部的清正程度，并以干部清正指数分析政府廉洁度。 本节采用统计学上最基本也最直观、最能够体现综合评价主观认识属性的评价模型——效用函数平均法。 通过对数据的分析，希望能较为客观地反映浙江省廉洁政府总体建设水平和各地级市的具体情况。 本节对政府廉洁度的评估也存在以下 3 个局限：第一，评估采集到的原始数据受不同地区违纪官员通报工作情况的影响，客观上可能存在通报公开力度越大，廉洁度得分反而越低的情况；第二，以一个地区官员被查处并通报的数量来观测廉洁度，也可能存在争议性，因为它既可能是一个腐败指标，也可能是一个反腐败指标，因此需要辩证地看待本节数据所反映的一个地区整体的政府廉洁度；第三，本节仅从中央、省、市纪委监委官方网站公布的违纪官员被通报情况来观测政府廉洁度，维度比较单一，难免有管窥蠡测之嫌。

具体地，本节内容将按照如下次序展开：浙江省廉洁度总体评估结果分析→各地级市政府廉洁度评估结果分析→基于评估结果的观察和建议。

(1)浙江省政府廉洁度总体结果分析

本研究通过整理 2018 年 1 月 1 日至 2018 年 12 月 31 日期间中央、省、市纪委监委网站公开的违纪官员被通报情况，以官员的清正度为依据分析政府廉洁度。 调查结果如表 5-1 所示。

表 5-1　政府廉洁度指数

地级市	政府廉洁度指数	排名
杭州	99.9	2
宁波	90.8	7
温州	95.5	5
嘉兴	100.0	1
湖州	91.7	6
绍兴	99.2	3
金华	80.8	8
衢州	70.0	11
舟山	98.6	4
台州	76.4	9
丽水	71.1	10

第一，浙江省政府廉洁度总体水平较高。

浙江省 11 个地级市在标杆分为 100 分的政府廉洁度调查评估中，得到平均分为 88.5 的评估结果，超过优秀线（80 分）。 评估结果显示，浙江省廉洁政府的建设成果是显著的，有力保障了"亲""清"政商关系的构建。

第二，地级市政府之间的廉洁度存在较大差异。

虽然浙江省廉洁政府建设总体处于较高水平，但仔细分析各地级市评估结果数据，可以发现，各地级市数据之间有较大的差距。 通过对原始数据的进一步分析，本研究得出各地级市差距的形成原因，并提出相应的对策及建议。

依据 2018 年浙江省政府廉洁度评估结果，可以将浙江省 11 个地级市划分为 3 个梯队，第一梯队为得分在 90 分以上的地级市，包括嘉兴市、杭州市、绍兴市、舟山市、温州市、湖州市和宁波市；第二梯队为得分在 80—90 之间的地级市，即金华市；第三梯队则是得分在 80 以下的地级市，包括台州市、丽水市和衢州市。 第二梯队的金华市和第三梯队的台州市、丽水市和衢州市，与第一梯队的评估得分存在较大的差距（见图 5-1）。

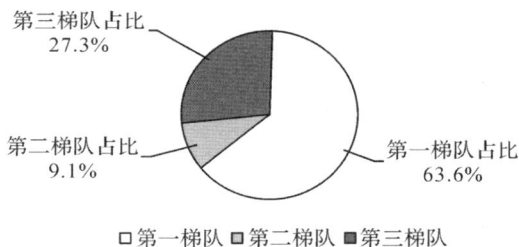

第三梯队占比
27.3%

第二梯队占比
9.1%

第一梯队占比
63.6%

□ 第一梯队 ▨ 第二梯队 ■ 第三梯队

图 5-1 浙江省各地级市政府廉洁度占比情况

（2）进一步分析与观察

本节按照各地级市廉洁度得分的排名顺序进行分析，杭州市、宁波市、温州市和衢州市作为典型城市将另外在后续的章节中进行详细阐述。 本节力求在把握宏观的同时，对各地级市的具体情况进行针对性的研究分析。

①嘉兴。

2018 年嘉兴市政府廉洁度得分为 100，超过平均分 11.5 分，在浙江省 11 个地级市中排名第一。 根据统计，2018 年嘉兴市被纪委监委通报的违纪官员共 69 人次。 其中，有 20 例因违反中央八项规定精神而被通报，占总数的 29.0%。 对于围绕土地房产的贪腐高发领域，嘉兴市部署开展领导干部违规房产交易、违规借贷专项治理工作，整顿基层违规批地建房等问题，在我们整理的数据中，相关通报共涉 12 例，占比为 17.4%。 为了构建"亲""清"政商关系，嘉兴市在反腐败方面做出了积极的努力。 2018 年，嘉兴市加强治理基层公款存放、挪用等问题；推动落实主体责任制，履行"一岗双责"，加大问责力度，使失责必问、问责必严成为常态；严格正风肃纪，高标准执行中央八项规定及其实施细则精神。

②绍兴。

2018 年绍兴市政府廉洁度得分为 99.2，超过平均分 10.7 分，在浙江省 11 个地级市中位列第三。 根据统计，2018 年绍兴市被纪委监委通报的违纪官员共 84 人次。 其中，数量居多的被通报情形为违规违法发放福利或领取津补贴，共 28 起，占被统计总数的 33.3％。 同时，惩治了部分官员利用职务之便行优亲厚友之事，共 6 起，占 7.1％，持续为优化营商环境营造清廉的政治氛围。 在提升治理能力方面，有 9 起不作为、乱作为的事例被通报，占 10.7％。 此外，绍兴市全面推进乡镇（街道）纪检、监察工作规范化，促进"枫桥经验"与基层纪检监察工作深度融合，这些举措有利于打造更为清廉的基层政府，营造"亲""清"的政商关系。

③舟山。

2018 年舟山市政府廉洁度得分为 98.6，超过平均分 10.1 分，在浙江省 11 个地级市中排名第四。 总体而言，舟山市被通报的案例数量相对较少。 根据统计，2018 年舟山市被纪委监委通报的违纪官员共计 32 人次，包括 9 人因违规接受礼品礼金或宴请被通报，占比为 28.1％；6 人因违规发放津补贴被通报，占比为 18.8％；6 人因履职不力被通报，占比为 18.8％。 其中，有官员在对申报单位进行验收时，未严格审核把关，使申报资料不实的申报单位通过审批并获得补助资金，查处此类行为将十分有利于营造公平的营商环境。 另外，"优亲厚友"一直是基层政府惯有的弊病，例如，定海区小沙街道增辉社区党支部书记金顺利明知其两位亲属不符合相关条件，仍将其纳为低保救助对象，在社区初步审查、民主评议等环节未提出异议，并同意将申请材料上报所在街道。 2018 年，舟山市在全省率先出台《关于进一步规范民政系统和基层工作人员近亲属享受低保备案管理制度的通知》，积极防范基层微腐败。

④湖州。

2018 年湖州市政府廉洁度得分为 91.7，超过平均得分 3.2 分，在浙江省 11 个地级市中排名第六。 根据统计，2018 年湖州市被纪委监委通报的违纪官员共 80 人次，主要问题体现在违规发放奖金补贴，公务出差、经费报销和公务接待管理不规范等方面，共涉相关案例 43 例，占被统计总数的 53.8%。 另外，有 9 例涉及套取村集体资金的案件被通报，占总数的 11.3%；有 10 例涉及利用职权为亲友谋利的案件，占 12.5%；有 17 例涉及履职不力的案件，占 21.3%。 2018 年，湖州市率先出台《关于建设清廉乡村为实施乡村振兴战略提供坚强保障的指导意见》，引导全市乡村通过编制权力清单和流程图、量化考核指标、强化执纪监督等措施，监督小微权力。 与此同时，湖州市各级纪检监察机关也强化了对微腐败行为进行监督执纪问责，例如，查处了在村级工程招投标中违规发包、协助串标等行为，有利于改善基层营商环境。

⑤金华。

2018 年金华市政府廉洁度得分为 80.8，低于平均分 7.8，在浙江省 11 个地级市中排名第八。 从评估结果来看，金华市被通报的人数多，得分较低，但也反映出金华市的反腐败力度较大。 根据统计，2018 年金华市被纪委监委通报的违纪官员共 243 人次，其中违反中央八项规定精神的行为 92 起，占 37.9%；履职不力类案件 82 起，占 33.7%，部分领导因督察不严被通报，说明治理能力有待加强；因挪用、侵占集体资金被通报的共 16 起，占 6.6%；另外，在建设工程招投标上的贪腐案件也时有发生，这对当地市场秩序造成了不良的影响。

为了营造高效的营商环境，2018 年，金华市开展了"无证明"城市工作，群众和市场主体办事无须再为开具证明材料跑腿。 这标志着金华成为全国首个"无证明"地级市，为浙江省"最多跑一次"改革实现新突破做出了贡献，同时，这也相对地减少了权力寻租空间，促进政府廉洁度的进一步提升。

⑥台州。

2018 年台州市政府廉洁度得分为 76.4，低于平均分 12.1，在浙江省 11 个地级市中排名第九。 从评估结果来看，台州市的通报案件数量多，得分较低，当然，同样地，这也反映出台州市的反腐败力度较大。 根据统计，2018 年台州市被纪委监委通报的违纪官员共 276 人次。 台州市纪委监委查处了各类违反中央八项规定精神的行为，通报数量达 169 人次，占统计总数的 61.2%，其中公款吃喝、违规发放津补贴、违规接受宴请礼品的问题较为严重；针对履职不力案件通报数量达 32 人次，占 11.6%，需要推进治理能力进一步提升；赌博、醉酒驾驶问题比较突出，被通报 28 人次，占 10.1%。

从台州市纪委监委 2018 年度的工作报告来看，台州市的廉政建设一直在路上。2018 年，台州市开展领导干部违规房产交易、违规借贷专项治理工作，推动构建"亲""清"政商关系；制定下发《关于发挥纪检监察职能作用服务保障全面深化改革再创民营经济新辉煌的实施意见》，开展对党的十九大精神、省市党代会精神贯彻落实情况和党章党规执行情况的专项检查，对在"最多跑一次"改革、安全生产、生态环境保护等方面失责失职的 323 名党员干部进行问责；巡查市直部门单位 29 家、县级部门单位 254 家、乡镇 51 个、村居 453 个，发现问题 5026 个，向有关部门移交问题线索 1056 件，推动查明了一批违纪违法案件。

⑦丽水。

2018 年丽水市政府廉洁度得分为 71.1，低于平均得分 17.4，在浙江省 11 个地级市中排名第十。根据统计，2018 年丽水市被纪委监委通报违纪的官员共 171 人次。其中，有 67 人次因违反中央八项规定精神，违规发放津补贴、接受吃请等行为被通报，占比 39.2%；因履职不力或监管不力被通报的共 47 人次，占比 27.5%；通过弄虚作假的手段骗取各类津补贴、低保名额及侵占村集体资金的行为时有发生，基层治理有待加强，且应当规范小微权力的运行。村级建筑工程领域内存在小额贪腐现象，通过督查工作进行纠正，可起到防微杜渐的作用。

2018 年，政府部门为推动政商关系的优化，丽水市工商联开展"亲""清"政商关系调研，梳理出和企业家在交往过程中的 16 条负面清单，开展"两增两送"服务，积极为非公企业排忧解难，优化当地的营商环境。

5.1.2 基于评估结果的观察与建议

(1)制约、监督行政权是优化营商环境的重要内容

2019 年 2 月 25 日，习近平总书记在主持中央全面依法治国委员会第二次会议上强调，法治是最好的营商环境。一个好的营商环境，必须以一个不以

人的意志为恣意转移的规则体系为基础，并最大限度地减轻官员任期制对政策一贯性的消极影响。 法治化的营商环境包括清晰的规则、连贯的政策、优质高效的政务服务及公正透明的执法和司法。[①]

行政法治化是实现营商环境法治化的重要内容。 在社会主义市场经济的背景下，市场主体的活动与行政机关的市场监管措施息息相关。 为了做到"有权必有责、用权受监督"，必须不断健全完善行政复议、行政诉讼、行政赔偿与补偿、监察、审计、人大监督、信访等对行政权的制约、监督途径，强化对行政相对人的权利保护和救济。 党的十八大以来，中央强力反腐，部署、深化国家监察体制改革，中心是加强党对反腐败工作的集中统一领导，实现党内监督和国家机关监督、党的纪律检查和国家监察的有机统一，实现对所有行使公权的公职人员的监察全覆盖。 2018 年全国人大通过了《中华人民共和国宪法修正案》和《中华人民共和国监察法》，把监察工作试点的成果以法律的形式固定下来，解决了长期困扰反腐败工作的法治难题，对于构建"亲""清"新型政商关系具有重要意义。[②]

本节是在上述背景下展开的具体讨论。 对纪委监委通报信息的搜集和处理，不仅为营商环境评估的数据提供依据，而且希冀从实际案例中总结出政商关系中哪些环节容易产生腐败现象，以及提出应对这些问题的措施。

（2）基于评估反映出的问题

①收受监管服务对象好处或向其摊派费用、借用钱款。

从通报的情况来看，各地仍有不少官员与监管服务对象之间存在违反廉洁行为准则的情况。 有的官员以收受消费卡、礼品等实物的形式收受监管服务对象的好处，有的官员接受监管服务对象安排的吃请、旅游或高消费娱乐活动，还有的直接向其摊派费用或借用钱款。 例如，杭州富阳区原环境卫生管理处原党总支书记、处长骆绍平违反纪律，向监管服务对象摊派费用。 又例

---

① 骆梅英：《以监管改革促营商环境优化》，《中国市场监管研究》2018 年第 12 期，第 69—71 页。

② 李洪雷：《营商环境优化的行政法治保障》，《重庆社会科学》2019 年第 2 期，第 17—25 页。

如，嘉兴市嘉善县原市场监督管理局原副局长沈飞华利用职务便利，在药品市场日常监管、药品稽查等方面为他人谋取利益，收受管理服务对象所送的购物卡，接受其安排的旅游。其中，借用型受贿在一定程度上容易模糊犯罪与非犯罪的界限，给司法适用带来难题。

承担市场监管职责的官员收受监管服务对象的好处，就无法保证公正执法，很可能导致市场出现"劣币驱逐良币"现象，增加市场经营主体运营成本，最终损害普通公众的利益，也很可能大大降低政府公信力，导致市场经营主体以"花钱消灾"的心态降低执行监管政策的力度。许多优化营商环境的难点、痛点和堵点，都与行政机关的市场监管活动息息相关，如何规制好这些官员手中的权力，是优化营商环境的关键。

②官员自身或利用亲属违规经商。

官员违规经商是指官员本人违反相关法律规定亲自经商办企业，或者官员亲属存在经商办企业的情况，官员利用职权的影响为其亲属开展的经营活动提供便利条件，以权谋私。官员违规经商一直都是中央反腐倡廉的重点领域。"父子兵""夫妻店""全家腐"等现象，频频出现在各地近年来查处的腐败案件中。从通报情况来看，有相当一部分官员自身违规经商或利用职务上的便利为亲属谋取利益。如杭州市人大常委会原副主任徐祖萼违规持有非上市公司股份，利用职权为亲属谋取利益；又如台州市国土资源局原党委书记、局长虞彦龙违规参与营利活动。

针对官员违规经商的问题，《中国共产党纪律处分条例》第九十四条有列举式规定，"（一）经商办企业的；（二）拥有非上市公司（企业）的股份或者证券的；（三）买卖股票或者进行其他证券投资的；（四）从事有偿中介活动的；（五）在国（境）外注册公司或者投资入股的；（六）有其他违反有关规定从事营利活动的"都是违规经商行为的表现形式。《中国共产党纪律处分条例》对官员亲属、子女经商的情况也有相关的规定。在浙江省规范领导干部亲属经商办企业行为的工作中，采取盯紧"关键少数"的措施，取得了不错的效果。同时，也有学者提出建立相关问责机制及财务公开机制是解决官员经商问题的关键。

③利用职务便利违法为市场经营主体谋取利益。

在激烈的市场竞争中，市场经营主体为了争取交易机会、获得优质资源，会使用商业贿赂的手段以获取竞争优势。这样不正当的竞争手段，严重破坏了社会主义市场经济公平竞争的交易秩序。从通报的情况来看，就存在不少这样的案例。例如，杭州萧山区新塘街道办事处经济管理和劳动保障科原工作人员钱来友，利用负责招商引资等职务之便，为相关企业在获取土地指标等方面谋取利益；又如台州玉环市公路管理局原副局长盛建平利用职务之便，在给他人提供承接业务上的关照和帮助后，违规收受他人赠送的加油卡、超市卡和手机等。

利用职务便利违法为市场经营主体谋取利益，如果满足索取或收受他人财物的要件且达到入罪标准，就可以构成商业贿赂犯罪。商业贿赂犯罪分布在我国现行刑法规定的非国家工作人员受贿罪、受贿罪、单位受贿罪及以受贿论处的斡旋受贿罪中。要构建"亲""清"新型政商关系，打击商业贿赂犯罪是必不可少的环节。

④违规干预和插手经济纠纷。

从通报情况来看，实践中也存在一些党员领导干部违反法律法规及其他政策性规定，利用职权或者职务上的便利，采取各种方式影响经济纠纷。例如，嘉兴海宁市交通投资集团有限公司原党委副书记、董事长、总经理杨水康违反工作纪律，违规干预和插手经济纠纷。这种行为的危害在于降低市场经营主体遵守规则的积极性，使之更倾向于寻求当权者的帮助。干预和插手经济纠纷的行为具有很大的隐蔽性，不仅难以侦查，而且很难用司法的途径进行规制。《中国共产党纪律处分条例》第一百二十六条规定，党员领导干部违反有关规定干预和插手经济纠纷，造成不良影响的，根据严重程度承担不同的党纪责任。

⑤其他问题。

从通报情况来看，存在不少村级权力运行失范的问题，在营商环境上主要体现在村级工程招投标、资金存管等方面。例如，湖州长兴县和平镇狄家斗村支部委员、村监委主任潘建新违反工作纪律，在村级工程招投标中违规发包、协助串标。又如，金华兰溪市永昌街道塘坞村党总支书记姚国新协同监委主任姚柏军,以冒用他人姓名报名和开具 3 家公司资质的方式参与工程招投标,并利用职务便利和通过许诺给予一定经济补偿的方式,诱迫其他报名人放弃竞标权,使自己顺利中标,造成不良影响。

另外,还有一些官员履职不力导致向不符合条件的市场经营主体发放补贴,向市场经营主体提供错误的政府信息导致企业利益受损,以及监管不力导致环境污染企业继续生产的问题。

(3)建议

针对提升浙江政府廉洁度,优化营商环境,我们提出如下建议。

第一,细化政商交往行为规范。 机关单位及其工作人员,尤其是领导干部在与非公有制企业及其负责人交往时,应当以法律法规、党纪政纪为准绳,不触法,不越纪,不谋私,不滥用权力影响和职务之便。 严禁向企业乱摊派、乱检查、乱收费、乱罚款、乱募捐;严禁吃拿卡要、以权谋私;严禁对企业故意刁难、推诿扯皮,不作为、乱作为;严禁干预和插手企业正常生产经营管理活动;严禁收受企业礼品、礼金、消费卡,参加宴请或旅游、健身、娱乐活动等;严禁违反规定在企业中兼职或拥有非上市公司(企业)的股份、证券等;严禁未经批准参加企业各类庆典活动;严禁纵容、默许、授意配偶、子女及其配偶等亲属和其他特定关系人从企业谋取非法利益等。

第二,加强廉洁文化建设。 开展全民廉洁教育,重点加强对领导干部廉洁从政教育、公职人员廉洁从业教育、非公有制企业及其从业人员廉洁从商教育,加强案例剖析警示教育,强化廉洁典型示范引导,形成廉荣贪耻的社会氛围。

第三,建立守廉激励和失廉惩戒机制。 完善商业贿赂犯罪档案查询系统,推进企业诚信评价体系建设;对于廉洁记录良好的企业,予以表彰、鼓励、扶持;对于市场经济活动中有行贿记录的企业,依法依规限制其有关经济活动;对于不廉洁企业及其负责人,在相关规定期限内不得授予政治荣誉或者给予政治安排。

第四,强化监督预防机制。 畅通信访举报渠道,对于涉及官商勾结、为官不为等问题线索的实名举报应当优先办理、100%核查,并及时向举报人反馈办理情况;引导非公有制企业加强内部监督管理,依法经营,推进行业自律；综合运用好监督执纪"四种形态"，对在机关单位及其工作人员与非公有制企业负责人中出现的苗头性、倾向性问题，早发现早提醒早纠正。

第五，完善促进民营经济和优化营商环境方面的立法。贯彻实施国务院2019年10月审议通过的《优化营商环境条例》，加快推进《浙江省民营企业发展促进条例》的立法工作；将近年来"放管服"改革，特别是浙江省"最多跑一次"改革中行之有效的经验做法上升为法条，以立法的形式巩固改革的成果；注重立法的科学性和可操作性，充分听取社会各界特别是市场经营主体、行业协会的意见和建议。

5.2 浙江省新型政商关系政府透明度分析

5.2.1 浙江省政府透明度评估结果分析

本节依据清华大学公共管理学院发布的《2018年中国市级政府财政透明度研究报告》及浙江省各地级市政府办公室发布的《2018年政府信息公开工作年度报告》，从政府信息公开和财政透明两个角度，对浙江省11个地级市的政府透明度情况进行综合分析，以全面反映浙江省透明政府建设水平。本节将按照如下次序展开：评估结果分析→浙江省政府透明度总体结果分析→进一步分析→基于评估的观察与建议。

(1)浙江省政府透明度总体结果分析

本节以2018年浙江省各地级市信息依申请按时办结率及财政透明度得分为依据，采用网上搜索、文件检索等方式，对浙江省11个地级市的政府透明度状况进行评估（见表5-2）。

表5-2 浙江省11个地级市政府透明度总体得分

地级市	政府透明度指数	排名
杭州	88.3	7
宁波	96.7	1

续　表

地级市	政府透明度指数	排名
温州	85.1	8
嘉兴	89.9	6
湖州	76.2	10
绍兴	73.3	11
金华	96.0	2
衢州	94.2	3
舟山	90.0	5
台州	90.5	4
丽水	79.9	9

　　浙江省 11 个地级市中政府透明度得分最高的是宁波市，为 96.7 分，最低的是绍兴市，为 73.3 分，大多数地级市的得分都在 80 以上。 浙江省 11 个地级市的政府透明度得分总体可以分为 3 个梯队：第一梯队为宁波市、金华市、衢州市、台州市、舟山市，得分均在 90 以上；嘉兴市、杭州市、温州市紧随其后，构成第二梯队；丽水市、湖州市、绍兴市的得分均低于 80，构成第三梯队。

　　评估发现：

　　①浙江省政府透明度总体水平较高。

　　浙江省 11 个地级市在满分为 100 分的政府透明度调查评估中，平均水平为 87.3 分，远超及格线 60 分。 这意味着近年来浙江省格外重视透明政府建设，"阳光政务"建设取得显著成效，政府透明度建设总体水平较高。

　　②地级市之间的政府透明度存在较大差异。

　　在整体水平较高的情况下，本节进一步分地级市考察政府透明度状况，可以发现，地级市之间在信息公开方面存在着较大差异。

　　在 2018 年浙江省 11 个地级市政府透明度评估中，得分最高的城市为宁波市（96.7 分），得分最低城市为绍兴市（73.3 分），宁波市的得分是绍兴市的 1.3 倍，首尾之间相差 23.4 分。 为了更清楚地看到浙江省各地级市在政府透明度方面的差异性，我们对评估结果进行分组说明。 综上所述，第一梯队为得分在 90 分以上的地级市，平均得分为 93.5，占比为 45.5%；第二梯队为得分在 80—90 分之间的地级市,平均得分为 87.8,占比为 27.3%;第三梯队为得分在 80 分以下的地级市,平均得分为 76.5,占比为 27.2%(见图 5-2)。

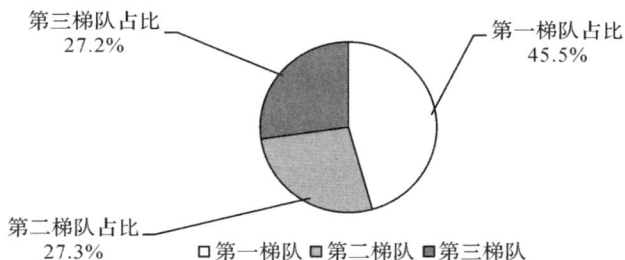

图 5-2　政府透明度中不同梯队占比情况

③同一地级市在不同项目之间存在较大差异。

政府透明度不仅在不同地级市之间存在较大差异性,在同一地级市不同项目之间亦存在较大差异。各地级市政府在不同项目之间的得分差异,不仅体现了政府在打造"阳光政务"时的价值取向,更为提升政府透明度提供了切入点。

根据 2018 年浙江省 11 个地级市政府透明度评估结果,我们发现,除了宁波市、绍兴市等少数地级市之外(宁波市两项指标的得分都较高,绍兴市两项指标的得分都较低),浙江省大多地级市在两项指标的表现上均差异较大,其中最具典型特征的城市是杭州市。杭州市在政府财政透明度建设方面不仅走在浙江省的前列,更是走在全国前列,无论是在财政信息公开领域、公开途径,还是在公开态度等方面,都为全国树立了标杆,2018 年其财政透明度在全国 291 个地级市和 4 个直辖市中排名第三。与在政府财政透明度方面的优异表现形成明显反差的是杭州市在政府信息公开度上的不足。2018 年杭州市政府信息公开的得分仅为 76.5 分,远低于浙江省平均水平 89.1 分,仅高于绍兴市。

④政府信息公开总体得分高于财政信息公开。

浙江省政府透明度总体水平较高,具体来看,各地级市在信息公开上总体表现好于财政信息公开。

从平均值角度来看,2018 年浙江省 11 个地级市在信息公开上的平均得分为 89.1,而在财政透明上的平均得分为 85.5,二者相差 3.6 分。从分组情况来看，在政府信息公开方面，得分在 90 及以上即处于第一梯队的城市包括衢州市、宁波市、金华市、台州市和舟山市，平均得分为 95.7，而在财政信息公开方面，得分在 90 及以上即处于第一梯队的城市有杭州市、宁波市、金华市、嘉兴市 4 个地级市，平均得分为 94.7。在政府信息公开方面，得分在 80—90 分之间即位于第二梯队的包括嘉兴市、丽水市、绍兴市 3 个地级市，平均得分为 86.4；而在财政信息公开方面，得分在 80—90 之间即处于第二梯队的包括舟山市、衢州市、台州市、温州市 4 个地级市，平均得分为 85.9。在政府信息公开度方面，得分在 80 以下即位于第三梯队的仅有杭州市和绍兴市 2 个地级市，平均得分为 73.3；而在财政信息公开方面，得分在 80 以下即处于第三梯队的包括绍兴市、丽水市、湖州市 3 个地级市，平均得分为 72.7。

(2)进一步观察与分析

①政府财政透明度分析。

在财政透明度方面，得分最高的城市是杭州市，得分为 100.0 分，得分最低的城市是湖州市，仅为 70.0 分。浙江省 11 个地级市平均得分为 85.5，杭州市、宁波市、金华市、嘉兴市、舟山市、衢州市、台州市等 7 个地级市的得分都高于全省平均水平，占比为 63.6%。从分组情况来看，依据 2018 年浙江省政府财政透明度评估结果，可以将浙江省 11 个地级市划分为 3 个梯队，第一梯队为得分在 90 以上的地级市，包括杭州市、宁波市、金华市、嘉兴市 4 个地级市，平均得分为 94.7，占比为 36.4%；第二梯队为得分在 80—90 分之间的地级市，包括舟山市、衢州市、台州市、温州市 4 个地级市，平均得分为 85.9，占比为 36.4%；第三梯队为得分在 80 以下的地级市，包括绍兴市、丽水市和湖州市 3 个地级市，平均得分为 72.7，占比为 27.2%（见表 5-3）。

表 5-3　浙江省 11 个地级市政府财政透明度得分及排名

地级市	财政透明度	排名
杭州	100.0	1
宁波	94.0	2

地级市	财政透明度	排名
金华	93.5	3
嘉兴	91.3	4
舟山	89.3	5
衢州	88.3	6
台州	85.7	7
温州	80.2	8
绍兴	76.6	9
丽水	71.6	10
湖州	70.0	11
浙江省 11 个地级市的平均得分:85.5		

在纳入预算机构和部门的全面性方面,浙江省 11 个地级市都表现较好,除了市政府机构之外,市委、市人大、市政协、民主党派、工商联、群众团体、市属企事业单位等机构,都被各地级市纳入财政信息公开的范畴之内,同时对于这些主体的结构、职能及与财政之间的关系等内容做了较为详细、明确的说明。

在一般预算与决算执行的公开情况方面,各地级市差异较大,其中杭州市得分最高,这得益于杭州市政府对一般预算与决算执行公开的重视。 杭州市不仅将财政预决算纳入政务信息公开的要点领域,而且出台了《杭州市全面推进政务公开工作实施细则》等措施,对财政预决算展开第三方绩效评估,不断细化预决算信息公开指标,提升透明度。 绍兴市在一般预算与预算执行的公开情况方面的得分较低,虽然也按照公共财政预决算、政府性基金预决算、国有资本经营预决算、社保基金预决算等方面进行公开,但是在公开具体指标上有待细化,如其他城乡社区住宅支出等指标信息尚未公开。

在其他重点领域财政信息公开方面,杭州市表现较好,根据发展要求,主动公开"三公"经费支出,将政府重大项目投资、PPP 项目、财政专项扶贫资金等领域纳入财政信息进行公开,取得了较好成果。 绍兴市财政局通过设置财政专栏,对"三公"经费、PPP 项目、产业投资基金、政府采购、政府专项资金、政府性债务等重点领域的财政信息进行公开,取得了一定成效,但是在公开的全面性上仍有提升空间。 如在"三公"经费的公开上,尽管绍兴市公开了公务接待费、因公出国(境)费和公务用车购置及运行费的支出总额和下降幅度,但并未公开公务接待批次(人次)数、因公出境人次数、公务用车购置量、公务用车保有量等指标的信息,因而无法判断"三公"经费支出的定额标准,对于进一步削减"三公"经费的作用有待提升。

②政府信息公开分析。

在信息公开方面,得分最高的城市是衢州市,得分为 100.0,得分最低的城市是绍兴市,仅为 70.0 分,浙江省 11 个地级市的平均得分为 89.1,衢州市、宁波市、金华市、台州市、舟山市、温州市等 6 个地级市的得分都高于全省平均水平,占比为 54.5%。 从分组情况来看,依据 2018 年浙江省政府信息公开评估结果,可以将浙江省 11 个地级市划分为 3 个梯队:第一梯队为得分在 90 及以上的地级市,包括衢州市、宁波市、金华市、台州市、舟山市、温州市,平均得分为 95.7,占比为 54.5%;第二梯队为得分在 80—90 之间的地级市,包括嘉兴市、丽水市、湖州市,平均得分为 86.4,占比为 27.3%;第三梯队为得分在 80 以下的地级市,包括杭州市、绍兴市,平均得分为 73.3,占比为 18.2%(见表 5-4)。

表 5-4 浙江省 11 个地级市政府信息公开得分及排名

地级市	信息公开	排名
衢州	100.0	1
宁波	99.5	2
金华	98.5	3
台州	95.3	4
舟山	90.7	5
温州	90.0	6
嘉兴	88.6	7
丽水	88.2	8
湖州	82.4	9

地级市	信息公开	排名
杭州	76.5	10
绍兴	70.0	11

浙江省 11 个地级市平均得分：89.1

　　2018 年衢州市政府信息公开得分为 100.0，在浙江省 11 个地级市中排名第一。 通过研究发现，2018 年衢州市收到公民信息公开申请共 403 条，按时办结率为 100%。 由此可见，衢州市排名最高一方面是其收到信息公开申请总量较少，另一方面是衢州市在信息公开过程中重视公民需求回应，工作人员办理效率和积极性较高。 除此之外，衢州市还注重对公众关注热点或重大舆情的回应，全年共回应 702 次，积极通过新闻发布会、网站在线访谈等方式回应和解读政府信息。 而杭州市 2018 年收到的公民信息公开申请共 11 452 条，办结数为 11 452 条，其中按时办结数为 10 222 条，按时办结率为 89.3%。在杭州市办结的 11 452 条公开申请中，有 922 条属于已经主动公开的范围，同意公开答复数为 3436 条，不属于本行政机关公开及申请信息不存在的申请数为 4053 条。 由此可见，公民信息公开申请按时办结率较低，一方面是由于其收到的信息公开申请的总量大，另一方面表明杭州政务信息公开专职人员在岗位人员设置、业务能力水平、按时回应意识等方面有进一步提升的空间。同意公开答复数较多则表明杭州市在政务信息公开中应主动公开但尚未公开的信息数较多，并未满足民众的需求，在信息公开的广度和深度上还有提升空间；而三分之一的信息公开申请不属于该行政机关公开或申请信息不存在，则表明政府需要完善政务信息公开指南及目录，加强对公民的引导，进一步明确政府信息公开的范围、职责，切实提高政务信息公开水平。

5.2.2　基于评估结果的观察与建议

　　综合以上分析，我们可以看到，浙江省政府透明度总体上呈现出政府透明度建设水平较高，政府信息公开总体上好于财政信息公开，地级市之间的政府透明度存在较大差异，同一地级市在不同项目之间存在较大差异等特征。

具体来看，在政府财政透明度方面，首先在纳入预算主体的机构方面，浙江省 11 个地级市整体表现较为良好，平均得分为 47.4（满分 50）；其次在"四本账"公开方面，浙江省 11 个地级市基本预决算信息公开都涉及 4 个账户，但是在具体项目的公开上有进一步细化、深化的空间；最后在其他财政重点领域信息的公开上，浙江省 11 个地级市的表现参差不齐，个别地级市重点财政领域信息公开情况较好，大多数地级市或者涉及的财政信息重点领域不健全，或者即使公开也只是停留在政策公布层面，实际效用较差。

在政府信息公开上，浙江省 11 个地级市政务信息公开申请按时办结率为 95.0%，总体水平较高。其中，同意公开答复数较多，表明政务信息公开的具体内容有待进一步细化和完善，尚未完全满足民众需要。浙江省 11 个地级市较为积极地对公众关注热点及社会舆论做出回应，微博、微信政务端运用情况较好。

针对提升浙江省政府透明度，我们提出以下建议。

第一，突出关键环节，全面推进行政决策、执行、管理、服务和结果公开。浙江省各级政府应健全落实社会公众参与各级行政决策的机制，不断提升政府决策透明度和公信度；继续抓好"四张清单一张网"建设，围绕"最多跑一次"和"无差别受理"改革，不断扩大网上权力公开运行事项范围；抓好国务院办公厅政务公开工作年度工作要点和《关于推进重大建设项目批准和实施领域政府信息公开的意见》《关于推进公共资源配置领域政府信息公开的意见》的贯彻落实，同步推进政府信息主动公开和重点领域政务公开工作，做到"应公开、尽公开，应上网、尽上网"。

第二，细化目录清单，着力提升政府信息公开规范化、标准化水平。各地级市根据上级统一部署，在加快推进、认真总结经验的基础上，布置开展政府信息公开目录清单梳理和发布工作，落实动态调整机制，主动接受社会公众的查询和监督。同时，各地级市要进一步规范政府信息依申请公开办理答复的工作，加强业务培训交流和完善会商办理机制，提高各级行政机关依法办理答复的水平。

第三，加强解读回应，提高网络传媒时代政府的沟通和引导能力。各地级市应不断加大各级各部门对政策解读的力度，坚持政策性文件与解读方案、解读材料同步组织、同步审签、同步部署；进一步压实行政机关主要负责人"第一解读人和责任人"的责任，通过发表讲话、撰写文章、接受访谈、出席新闻发布会等多种方式，带头宣传和解读政策。同时，进一步落实和健全政务舆情回应机制，积极主动回应重大、突发政务舆情，做到快速反应、及时发声、引导有力。

第四，优化平台载体，打造"立体式"政府信息和政务公开网络。各地级市根据政府信息公开目录清单化管理和重点领域信息公开深化拓展的实际需要，继续优化调整政府门户网站上政务公开平台的栏目和功能，不断充实重点领域信息公开内容，加快信息动态更新，增强搜索查询和互动交流功能，提升政务公开平台的吸引力和亲和力。同时，各地级市应继续加强对政务微信、钉钉平台的建设和应用，依托新闻媒体、档案馆、图书馆、行政服务中心及各部门、单位公开栏、信息查阅点等各类公开载体，多渠道、多层次公开政府信息。

同时，在政府财政透明方面要格外注重公开内容的细化和财政体制的改革。各地级市应深入贯彻落实预决算公开规定，细化公开内容，有序推进全口径预决算信息公开。在政府预决算方面，完善由一般公共预算、政府性基金预算、国有资本经营预算、社会保险基金预算等"四本预算""四本账预处"都可以组成的全口径政府预算体系，按规定细化公开到位，并对财政转移支付、政府债务等重要事项细化说明并公开。推进专项资金清单公开。在部门预决算方面，推进非涉密部门预决算公开全覆盖，对机关运行经费、政府采购、绩效及重大国有资产等情况细化说明并公开。如在"三公"经费预决算方面，财政部门和各部门均按规定细化公开"三公"经费本级汇总数和各部门数。

除此之外，财政体制改革也不容忽视。各地级市要以全面规范、公开透明为方向，推进预算编制、执行与监督各环节的管理改革，为财政信息公开夯实基础。首先要细化预算编制，完善预算支出定额标准体系，实施项目库全周期滚动管理，提高预算编制质量；其次要加强执行管理，建立预算约束和执行动态监控机制，加快预算执行进度，促进预算均衡执行；最后要强化预决算批复制度，按预算法规定，在人大批准财政总预算、总决算后20

日内及时批复部门预决算，财政预决算和部门预决算在规定时间内向社会公开。 同时，深化财政改革，开展市级财政专项资金清理整合、项目库建设、盘活存量资金、政府采购、资产管理和预算绩效等改革，提升财政管理效能。

5.3　浙江省新型政商关系政府廉洁感知度分析

5.3.1　浙江省政府廉洁感知度评估结果分析

(1)浙江省政府廉洁感知度总体分析结果

政府廉洁感知度是"清白"指标的重要组成部分，下设创业者对廉洁的感知度这一二级指标，指标总分为 100，被评估的 11 个地级市的平均得分为89.5。 本次评估中得分最高的城市为舟山市（100.0 分），得分最低的城市为衢州市（70.0 分）（见表 5-5）。

表 5-5　政府廉洁感知度指数

地级市	政府廉洁感知度	排名
杭州	87.0	8
宁波	95.9	3
温州	88.3	7
嘉兴	91.5	6
湖州	81.6	9
绍兴	96.2	2
金华	87.0	8
衢州	70.0	10
舟山	100.0	1
台州	93.5	4
丽水	93.4	5

(2)政府廉洁感知度的进一步分析结果

我们对创业者提出的问题是，"您认为，当前政商关系中存在的主要问题是什么？（可多选，最多选4项）"。 如图5-3所示，创业者对当下政商关系的总体感知最突出、被选次数最多的政商关系中存在的3个问题分别是——"官商勾结仍然存在""党政干部懒政、不作为"和"企业办事难、办事繁问题仍然突出"。 这3项分别得到43.0％、41.5％和30.0％的票数。 接下来，我们将展开分析这3个重点问题在浙江省11个地级市的具体情况。

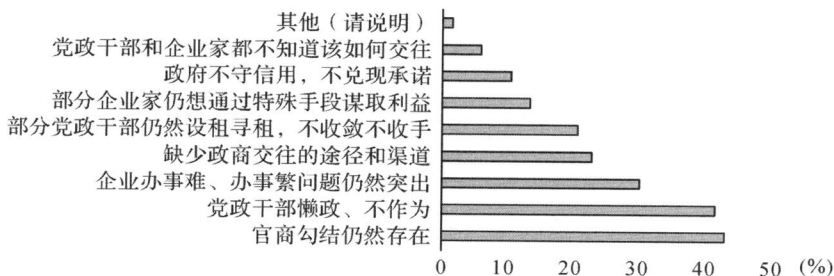

图5-3 创业者对于当下政商关系的总体感知

从图5-4中可以看出，衢州市、杭州市和金华市有超半数的创业者认为仍然存在官商勾结问题。 但是，丽水市仅26.8％的创业者认为仍有官商勾结问题， 在全省11个地级市中表现最佳。

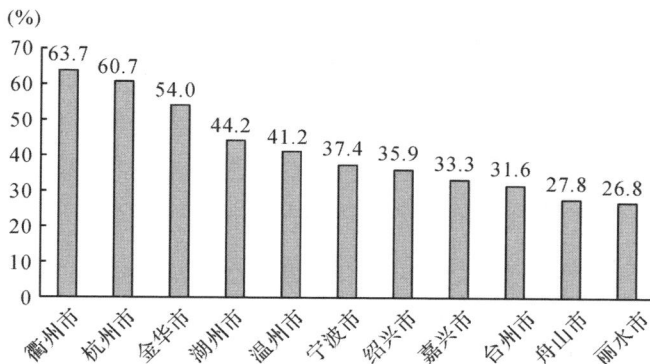

图5-4 选项"官商勾结仍然存在"在浙江省11个级市所占比例

从图5-5中可以看出，除了杭州市、嘉兴市和舟山市表现得优秀以外，其余8市的得分较为相近，都有半数左右的创业者认为在其党政干部中有懒政、

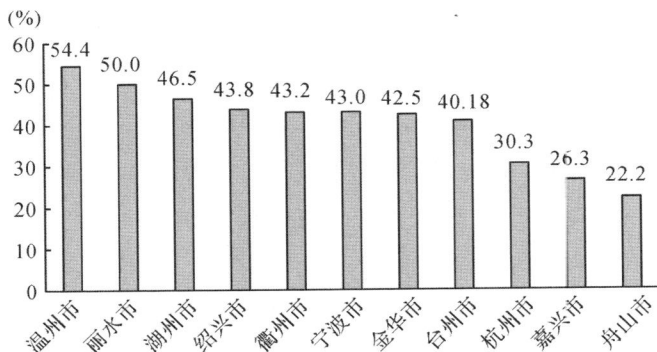

图 5-5　选项"党政干部懒政、不作为"在浙江省 11 个地级市所占比例

不作为的现象。

　　从图 5-6 中可以看出，衢州市和湖州市在"企业办事难、办事繁问题仍然突出"的调查中明显表现不佳，宁波市和舟山市则表现优异。其中，舟山市在全省中表现最好，仅有 16.7％的创业者认为"企业办事难、办事繁问题仍然突出"。

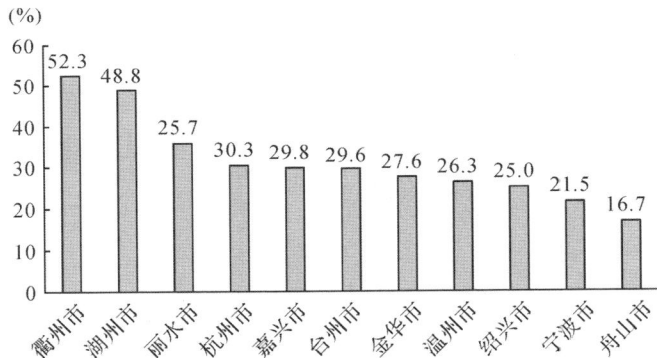

图 5-6　选项"企业办事难、办事繁问题仍然突出"在浙江省 11 个地级市所占比例

　　图 5-3 至图 5-6 分析了浙江省创业人群在政商关系感知中的突出问题，接下来我们要寻找浙江省创业人群认为政商关系不"清"的原因。

　　图 5-7 的调查结果表明，各项原因中最突出的是"市场不规范、钻空子好发展"，这项原因得到了 46.5％的企业家的认同。也就是说，在缺乏完善的市场制度的情况下，企业家们为了让企业发展，获得商业利益，认为钻空子是最好的途径。从地方数据来看，湖州市和衢州市有超过 70.0％的创业者有此感受，在杭州市，这一数据也达到 64.8％；排在第二位的是"政务服务不公

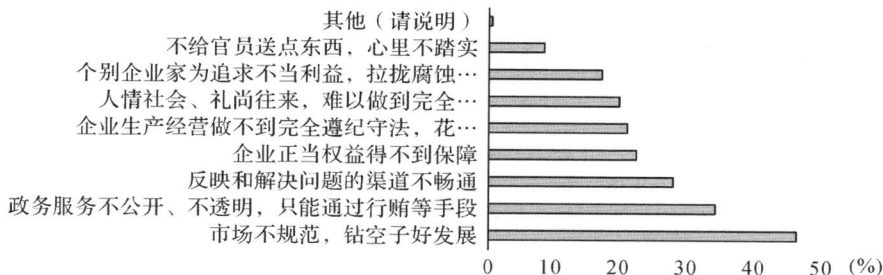

图 5-7　从企业家角度来看,政商关系不"清"的原因

开、不透明,只能通过行贿等手段",占比达 34.3%; 排在第三位的是"反映和解决问题的渠道不通畅",占比达 27.9%。

2018 年的调查表明,浙江省创业人群对政府不"清"的感知主要集中在 3 个方面,即"官商勾结仍然存在""党政干部懒政、不作为""企业办事难、办事繁问题仍然突出"。 其中,舟山市在 3 项指标中的表现均位列全省 11 个地级市前列,其市政府的表现获得绝大部分创业人群的认可。 而衢州市在上述 3 项指标中的两项中的得分均在全省排名垫底。 丽水市的调查结果也是值得注意的,尽管在"官商勾结仍然存在"指标上获得创业者赞誉且获得全省最高得分,但在其他两项指标上都获得低分。 丽水市的调查结果告诉我们,虽然政府和商业行为之间划清界限达到极致的"清",却也导致了地方党政干部懒政问题突出,出现了政府为了避免自身承担责任而导致企业办事既难又繁的结果。 这样的"清"不利于地方经济的发展。

5.3.2　基于评估结果的观察与建议

针对创业者对政商关系的核心诉求,应厘清政府与市场边界、营造公平有序的法治市场竞争环境。 一是更好地发挥政府的作用,破除制约企业和群众办事创业的体制机制障碍,激发市场活力和社会创造力,并与"大众创业、万众创新"和发展壮大新经济紧密结合起来,进一步形成经济增长内生动力,促进经济社会持续健康发展。 同时,切实降低企业制度性交易成本。 二是加强以"双随机、一公开"为基本方式的新型监管机制,不断提高综合执法效能。三是在更大范围、更深层次,以更有力的举措推进简政放权、放管结合、优化服务和"最多跑一次"改革。

6 浙江省典型城市新型政商关系分析

6.1 杭州市新型政商关系分析

6.1.1 杭州市新型政商关系总体分析

杭州市在 2018 年浙江省新型政商关系"亲清"指数中的得分为 91.8，在浙江省 11 个地级市中排名第一，超过平均分 7.1，位于第一梯队中的第一名，较能反映这一梯队的特征。 在"亲近"指数上，杭州得分最高，为 88.4 分，全省平均得分为 81.2，杭州市在这一领域大幅领先于全省平均水平。 具体来看，在政府对企业的服务力、支持力两个方面，杭州市的得分最高，远超全省平均水平（见图 6-1）。 在民营企业活跃度和政府亲近感知度方面，杭州市的得分相对较低，在 11 个地级市中分别排在第六位和第九位，处于中等偏下水平。 在"清白"指数上，杭州市的得分为 95.1，在 11 个地级市中排在第三名。 具体来看，在政府廉洁度方面，杭州市的得分为 99.9，仅低于嘉兴市。在政府透明度和政府廉洁感知度方面，杭州市在 11 个地级市中分别排在第六位和第八位，处于中等偏下水平。 综合以上分析，表明杭州市"亲清"新型政商关系已经初步建成，在政府对企业的支持力、服务力及政府廉洁度等方面的建设情况尤为良好，走在全省前列。 同时，杭州市在新型政商关系构建过程中的短板也较为突出，民营企业活跃度、政府透明度两项指标在全省处于中等水平，政府亲近感知度及政府廉洁感知度在全省排名靠后，甚至低于全省平均水平，是杭州市下一步应重点提升的领域。

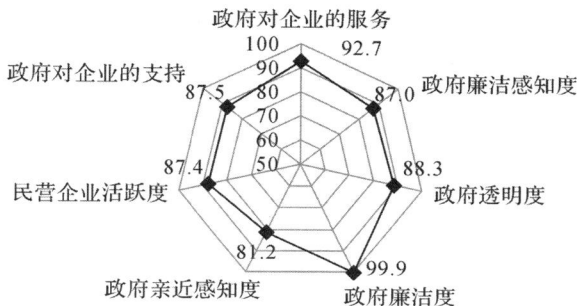

图 6-1　杭州市"亲清"指数图

6.1.2　杭州市新型政商关系的进一步分析

为了更明确、更具体地了解杭州市"亲清"新型政商关系的构建情况，本部分将对杭州市各项分指标的得分情况进行分析，以总结杭州市在新型政商关系构建中所形成的先行经验，并发现其存在的问题，为下一步开展工作提供建议和意见。

(1)杭州市政府对企业的服务指标分析结果

2018 年杭州市政府对企业的服务指数得分为 92.7，超过平均得分 7.3分，在浙江省 11 个地级市中排名第一（见表 6-1）。 其中，在服务完备度与准确度方面，杭州市得分为 87.2，在浙江省 11 个地级市中排名第四，这一方面表明杭州市政务服务提供的可达性较高，公众和企业可以方便、快捷、准确地找到所需服务；另一方面表明杭州市提供政府服务的"可见性"较高，即提供的办理事项清单不断完善，办事指南也不断更新，且具有易获取和简便易懂的特点，为公众办理事项提供了极大的便利。 杭州市在服务成熟与成效度方面得分为 98.2，在浙江省 11 个地级市中排名第一，远超平均水平。 其中，服务成熟度高表明杭州市政务服务一体化水平高，事项可办性强，公民办事省时、省心、省力，有效实现了"最多跑一次"改革；服务成效度得分较高，则表明杭州市政府服务办理的效益较好，一方面体现为在线注册量多、网上办件数量大、服务时效高等，另一方面体现为办理事项的群众满意度高，人民幸福感、获得感增强。

表 6-1　浙江省 11 个地级市政府对企业的服务指数得分

地级市	服务完备与准确度	服务成熟与成效度
杭州	87.2	98.2
宁波	84.7	85.8
温州	80.1	93.1
嘉兴	86.3	83.7
湖州	84.3	70.3
绍兴	80.6	84.0
金华	85.5	97.0
衢州	92.8	91.1
舟山	88.1	70.7
台州	78.8	86.7
丽水	90.9	79.7

(2)杭州市政府对企业的支持指标分析结果

2018 年杭州市政府对企业支持指数的得分为 87.5，超过平均得分 12.4 分，在浙江省 11 个地级市中排名第一（见表 6-2）。 在基础环境方面，杭州市的得分为 88.6，在浙江省 11 个地级市中排名第一。 这表明杭州市政府的财政支出对地区经济的贡献率较高，为地区企业发展提供了重要资源。 同时，杭州市出台了《浙江省杭州市加强政务诚信建设的实施方案》等，积极推进社会信用体系建设，使得社会信用水平不断提升。 无论是商业机构还是个人，都较为注重对诚信意识的培养，以信誉立身的观念是市场经济这一法制经济发展的前提和重要基础。 杭州市在金融环境上得分为 99.0，远超浙江省平均水平，在 11 个地级市中排名第一。 金融环境影响着一个地区企业融资的难度、融资的成本等，是影响企业发展的主要制约因素之一。 杭州是浙江的省会城市，是浙江省的政治、经济中心，在金融环境方面具有其他地级市无可比拟的优势。 杭州市金融环境指数的得分最高，表明其充分贯彻落实省政府"凤凰行动"计划，上市公司数量较多，上市公司市值较大，私募基金等民间金融机构发展较为良好，资本市场获得了极大发展，为企业发展筹措资金提供了多种渠道。 在赋税环境方面，杭州市的得分为73.5，在11个地级市中排名第十，仅高于丽水市一地，成为新型政商关系构建过程中的短板，降低了企业的亲近感。 这表明杭州市企业的税收负担相对较重，政府对高新企业的减免税支持相对较低，企业发展压力仍较大。

表 6-2　浙江省 11 个地级市政府对企业的支持指数得分

地级市	基础环境	金融环境	赋税环境
杭州	88.6	99.0	73.5
宁波	74.3	78.3	76.1
温州	77.5	69.3	75.5
嘉兴	69.1	77.1	75.1
湖州	73.6	73.5	75.5
绍兴	67.8	77.6	74.5
金华	74.1	75.7	74.3
衢州	71.8	66.6	75.5
舟山	67.6	61.7	100.0
台州	70.0	77.2	78.8
丽水	76.7	63.3	65.6

(3)杭州市企业活跃度指标分析结果

2018 年杭州市民营企业活跃度指标得分为 87.4，超过平均得分 2.7 分，在浙江省 11 个地级市中排名第六，处于中等水平（见表 6-3）。 这表明虽然杭州市对企业提供的服务水平较高、支持力度较大，但是这些优势在转化为民众投资创办企业的热情上存在一定障碍，企业活跃度有待进一步提升。 通过调查发现，杭州市的初生创业者比例远小于新企业创业者比例，这可能是由于较为严峻的国际贸易形势和国内转型升级压力，也可能是由于政府提供的服务和支持较少涉及潜在创业者或是与创业者需求"不对口"，即并未有效对接需求，从而在一定程度上限制了杭州民众的创业热情，使杭州市近期内处于创业低潮。

表 6-3　浙江省 11 个地级市民营企业活跃度指数得分及排名

地级市	民营企业活跃度	排名
杭州	100.0	1
宁波	97.8	2
温州	97.2	3
嘉兴	94.3	4
湖州	91.3	5
绍兴	87.4	6
金华	85.2	7
衢州	77.9	8
舟山	72.1	9
台州	68.4	10
丽水	60.0	11

(4)杭州市政府亲近感知度指标分析结果

2018 年杭州市政府亲近感知度指标得分为 81.2，低于平均得分 4.7 分，在浙江省 11 个地级市中排名第九，仅高于湖州市、衢州市，是明显的短板（见表 6-4）。这表明杭州市提供的良好服务更多是针对已开办的企业，专门针对创业者的支持力度相对较弱，并未很好满足创业者"亲近"政府的要求。通过调查发现，杭州市企业家认为党政干部不"亲"企业（家）最主要的表现是"党政干部不听取企业的意见建议"和"不积极帮助企业解决困难"，占比分别为 47.5% 和 41.0%。

表 6-4　浙江省 11 个地级市政府亲近感知度指数得分及排名

地级市	政府亲近感知度	排名
舟山	100.0	1
宁波	95.4	2
绍兴	93.0	3
台州	91.7	4
丽水	89.7	5
嘉兴	88.3	6
温州	86.8	7
金华	85.1	8
杭州	81.2	9
湖州	73.8	10
衢州	60.0	11

（5）杭州市政府廉洁度指标分析结果

2018 年杭州市政府廉洁度指标得分为 99.9，超过平均分 11.4 分，在浙江省 11 个地级市中排名第二（见表 6-5）。这表明杭州市官员作风正派，党风廉政建设取得一定成效，风清气正的政治生态环境已初步建立。杭州市政府廉洁度指标得分高主要有两方面原因：一是杭州市大力推进"清廉杭州"建设，一手抓官员廉政建设，一手抓企业经营意识，提出了非公企业清廉建设"四个必须坚持"，从源头上抑制违纪违规现象的发生，因此杭州市被审查调查官员数较少且通过"曝光台"等通报的典型案例较少。二是因为杭州市机关事业单位就业人员数远远超过其他地级市，相对基数较大，被通报违纪官员数的占比会相对较小，故得分较高。

表 6-5　浙江省 11 个地级市政府廉洁度指数得分及排名

地级市	政府廉洁度	排名
嘉兴	100.0	1
杭州	99.9	2

续　表

地级市	政府廉洁度	排名
绍兴	99.2	3
舟山	98.6	4
温州	95.5	5
湖州	91.7	6
宁波	90.8	7
金华	80.8	8
台州	76.4	9
丽水	71.1	10
衢州	70.0	11

(6)杭州市政府透明度指标分析结果

2018 年杭州市政府透明度得分为 88.3,略高于全省平均水平,在浙江省 11 个地级市中排名第七,具体来看:第一,在财政透明度方面,2018 年杭州市财政透明度得分为 100,超过平均得分 14.5,在浙江省 11 个地级市中排名第一(见表 6-6)。 在纳入预算的机构和部门方面,杭州市得分为 50(满分 50),表明杭州市政府及公共机构财政信息公开得十分全面。 预算与预算执行的公开情况是政府财政公开透明的核心。 杭州市在预算与预算执行的公开情况方面得分为 340(满分 340),在浙江省 11 个地级市中排名第一。 这表明杭州在公共财政预决算、政府性基金预决算、国有资本经营预决算、社保基金预决算等方面的公开状况良好,同时对于各部门预算公开也格外重视。 尽管杭州市在财政透明方面取得了较好的成绩,但是在政府性债务信息公开方面、在"三公经费"信息公开方面、在预算执行信息公开方面有所缺失,仍然有进一步提升的空间。 第二,在信息公开度方面。 2018 年杭州市得分为 76.5,在浙江省 11 个地级市中排名第十,仅高于绍兴市。 进一步来看,杭州市 2018 年共收到公民信息公开申请 11 542 条,其中按时办结数为 10 222 条,按时办结率为 89.3%。 由此可见,杭州市信息公开度得分较低,主要由于公民信息公开意识强、信息公开申请工作量大。 可见,杭州市在政务信息公开岗位人员设置、业务能力水平、按时回应意识等方面有进一步提升的空间。

表 6-6　浙江省 11 个地级市政府透明度指数得分

地级市	信息公开度	财政透明度
杭州	76.5	100.0
宁波	99.5	94.0
温州	90.0	80.2
嘉兴	88.6	91.3
湖州	82.4	70.0
绍兴	70.0	76.6
金华	98.5	93.5
衢州	100.0	88.3
舟山	90.7	89.3
台州	95.3	85.7
丽水	88.2	71.6

(7)杭州市政府廉洁感知度指标分析结果

2018 年杭州市政府廉洁感知度指标得分为 87.0,低于平均分 2.5,在浙江省 11 个地级市中与金华市并列第八,仅高于湖州市、衢州市,是明显的短板(见表 6-7)。 这表明尽管杭州市政府廉洁感知度较高,但从企业家的角度来看,还存在进一步提升的空间。 根据调查表明,浙江省的创业人群对政府不"清"的感知主要表现在 3 个方面,即"官商勾结仍然存在""党政干部懒政、不作为"和"企业办事难、办事繁问题仍然突出"。

表 6-7　浙江省 11 个地级市政府廉洁感知度指数得分及排名

地级市	政府廉洁感知度	排名
舟山	100.0	1
绍兴	96.2	2
宁波	95.9	3
台州	93.5	4
丽水	93.4	5

地级市	政府廉洁感知度	排名
嘉兴	91.5	6
温州	88.3	7
杭州	87.0	8
金华	87.0	8
湖州	81.6	9
衢州	70.0	10

6.1.3　基于评估结果的观察与建议

总体来看，杭州市新型政商关系"亲清"指数得分在全省排名第一，远高于全省平均水平，表明杭州市的新型政商关系已经初步建成。具体来看，杭州市在政府对企业的服务、政府对企业的支持、政府廉洁度 3 个方面表现尤佳，在民营企业活跃度和政府透明度方面则处于中等水平，在政府亲近感知度和廉洁感知度方面则存在较为明显的短板。为了进一步推进杭州市"亲清"新型政商关系的构建，我们提出以下对策建议。

第一，在政府服务方面，杭州市应在保持服务成熟度与成效度较高这一优势的前提下，针对目前网上政务服务平台办理事项大多集中于行政审批事项这一现状，大力推进涉及社会诸多领域的全事项网上办理流程的构建，拓展平台服务功能，将公众关心的医疗、教育、就业等领域纳入平台服务事项，确保平台服务的稳定性和可获得性，提升公民的幸福感。同时，要编制科学、合理、简便易懂的办事流程和办事指南，提升办事流程和办事指南的完整性与可获取性，以提高政务服务完备与准确度，进一步打造服务力强的政府。

第二，在政府支持方面，针对杭州市企业税费负担仍然较重的问题，杭州市在未来一段时期里应进一步按照国务院的统一部署，落实降税减税政策，尤其是落实国务院支持创业创新和小微企业发展税收优惠政策，打好税收政策的组合拳，努力减轻企业的税收负担。同时，杭州市应积极帮助高新企业落实研发费加计扣除等政策，支持高新企业的研发活动。

第三，在民营企业活跃度方面，杭州市要积极优化制度，营造公平有序的法治市场竞争环境，以支持更多的创业者开展创业活动。 同时，应当切实降低企业制度性交易成本，在更大范围、更深层次，以更有力的举措推进简政放权、放管结合、优化服务和"最多跑一次"改革。 此外，还可以积极发挥政府的服务作用，有针对性地了解创业企业的需求，为创业企业提供信息支持，解决创业难题，以鼓励其紧跟最新的国内外经济发展趋势开展创业活动，以提升杭州市民营企业活跃度水平。

第四，在政府亲近感知度方面，杭州市政府一方面应该充分认识到创业企业是经济活力的重要来源，要转变心态，树立主动服务企业尤其是创业企业的理念，倾听其需求，让其充分体会到政府的关怀；另一方面，政府要将自己的着力点聚焦于为民营企业提供服务，积极帮助企业解决其面临的实质性难题，如融资难等问题，以提高民营企业对政府的亲近感，打造"亲近"政府。

第五，在政府廉洁度方面，杭州市一方面应继续加强对权力腐败的惩处力度，尤其是加大对基层小微权力腐败的惩处力度，坚持"预防为主"的原则，从法规依据、管理权限、运行流程、执行标准等全方位健全制度，全面推行小微权力清单制度，规范权力运行流程；另一方面要厘清廉洁和担当是"清白"的两个方面，真正的"清"既包括官员的廉洁清正，也包括官员的担当作为，将"干净"和"干事"两个要求统一集中在反腐败工作的目标之下。

第六，在政府透明度方面，尽管杭州市表现较好，但仍有进一步提升的空间。 在财政透明度方面，杭州市应进一步细化重点领域信息公开内容，如在公开"三公"经费预算情况的同时，进一步完善其人均定额标准，真正起到对"三公"经费公开监督的作用。 在政府信息公开方面，杭州市应完善政务信息公开专职人员岗位设置，提升和增强人员业务能力水平和回应意识，以提高信息公开申请按时办结率。

第七，在政府廉洁感知度方面，针对创业人群的意见，杭州市政府应当思考如何在政府和商业行为之间划清界限，在达到"清"的同时，减少因此产生的地方党政干部懒政问题。 同时，针对创业者对政商关系的核心诉求，杭州市应善用"负面清单""权力清单""责任清单"来解决问题。 一是用"负面清单"明确企业的经营范围，坚持"法无授权不可为"，确保"法无禁止皆可为"。 二是用"权力清单"来明确政府的行为界限，尽可能界定具体工作中容易出现的模糊地带，尽量把细节要求补足。 三是用"责任清单"来明确政府的市场监管范围，做到"法定责任必须为"。

6.2　宁波市新型政商关系分析

6.2.1　宁波市新型政商关系总体分析

宁波市在 2018 年浙江省新型政商关系"亲清"指数中的得分为 89.2，位于全省第一梯队，高于全省平均水平（84.7 分），仅次于杭州市（92.7 分）、舟山市（90.0 分）。 在"亲近"指数上，宁波市得分为 85.3，仅次于杭州市（88.4 分），超过全省平均水平（81.2 分）较多；在"清白"指数上，宁波市得分为 93.1，在舟山市（96.2 分）、嘉兴市（96.1 分）、杭州市（95.1 分）之后，位列第四，高于省平均水平（88.3 分）较多。

再从 7 个一级指标来看，宁波市的政府对企业服务指标的得分为 85.2，低于省内均分（85.4），仅排名第六；政府对企业的支持指标的得分为 76.5，高于省内均分（75.1），排名第三；民营企业活跃度指标的得分为 97.8，排名第二，远高于省内均分（84.7）；政府亲近感知度指标的得分为 95.4，排名第二，远高于省内均分（85.9）；政府廉洁度指标的得分为 90.8，排名第七，略高于省内均分（88.5）；政府透明度指标的得分为 96.7，排名第一，远高于省内均分（87.3）；政府廉洁感知度指标的得分为 95.9，排名第三，远高于省内均分（89.5）。 具体情况见表 6-8 和图 6-2。

表 6-8　宁波市"亲清"指数各一级指标得分情况

一级指标	百分制得分	省内均分	省内排名
政府对企业的服务	85.2	85.4	6
政府对企业的支持	76.5	75.1	3
民营企业活跃度	97.8	84.7	2
政府亲近感知度	95.4	85.9	2
政府廉洁度	90.8	88.5	7

一级指标	百分制得分	省内均分	省内排名
政府透明度	96.7	87.3	1
政府廉洁感知度	95.9	89.5	3

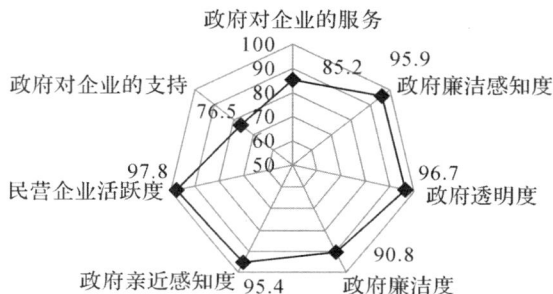

图 6-2　宁波市"亲清"指数各一级指标得分情况

根据表 6-8 和图 6-2 可知，宁波市"亲清"指数表现可谓"优势亮眼、短板明显"，政府透明度、民营企业活跃度、政府亲近感知度等方面表现优异，政府对企业的支持、政府廉洁感知度指数表现较好；政府对企业的服务、政府廉洁度等方面则仅仅达到省内平均水平，与总排名第三相比，相去甚远，应是宁波市下一步改善新型政商关系的重要发力点。

6.2.2　宁波市新型政商关系的进一步分析

为了更清楚、更具体地了解宁波市新型政商关系的构建情况，本部分将对宁波市各项分指标的得分情况进行分析，以发现宁波市在新型政商关系构建中尚存在的问题与不足，总结所形成的可复制、可推广的经验，支撑下一步政策建议的提出。

（1）宁波市政府对企业的服务指标分析结果

从表 6-9 中可看出，政府对企业的服务指数是宁波市在新型政商关系评价中的短板指标，2018 年宁波市政府对企业的服务指数的得分为 85.2，略低于省内均分（85.4），位于全省第六，与宁波市在浙江省内的政治、经济、社会地位并不相称。其中，在服务完备度与准确度方面，宁波市的得分为 84.7，不及省内均分（85.4），说明在当前浙江省各地级市都在大力提升政府对企业服务方式完备度、事项覆盖度和办事事项准确度时，宁波市在服务方式完备度、事项覆盖度、办事指南准确度等方面，表现并不够理想；其次，在服务成熟与成效度方面，宁波市的得分为85.8，略高于省内均分（85.5），说明宁波市在政府对企业的办事事项流程的完整度和办事的效率中，特别是在在线服务成熟度、在线服务成效度等方面，还需要更努力，以满足企业发展的需要。综上，宁波市政府在给企业提供服务方面还需要进一步提升完备度、准确度、成熟度、成效度等。

表 6-9　浙江省 11 个地级市政府对企业的服务指数得分

地级市	政府对企业的服务	省内排名	服务完备与准确度	省内排名	服务成熟与成效度	省内排名
杭州	92.7	1	87.2	4	98.2	1
宁波	85.2	6	84.7	7	85.8	6
温州	86.6	4	80.1	10	93.1	3
嘉兴	85.0	7	86.3	5	83.7	8
湖州	77.3	11	84.3	8	70.3	11
绍兴	82.3	9	80.6	9	84.0	7
金华	91.2	3	85.5	6	97.0	2
衢州	92.0	2	92.8	1	91.1	4
舟山	79.4	10	88.1	3	70.7	10
台州	82.7	8	78.8	11	86.7	5
丽水	85.3	5	90.9	2	79.7	9

（2）宁波市政府对企业的支持指标分析结果

2018 年宁波市政府对企业的支持指数的得分为 76.5，高于省平均得分（75.1），排名第三。 这一指标设置上，主要考察基础环境（政府财政支出对地区经济的贡献及地区社会信用建设情况）、金融环境（地区金融发展水平，包括间接融资、直接融资和民间资本等方面）和赋税环境（地区企业税收负担水平及政府对高新企业的减免税支持情况）。 该指标方面，杭州市一枝独秀,得分 87.5,是唯一高于 80 分的地区,而低于均分者有 7 个,显示出杭州市与其他地区较大的差异(见表 6-10)。

分指标来看,在基础环境方面,宁波市的得分为 74.3,略高于省平均得分(73.7),排名第四,也不及温州市、丽水市、杭州市,与宁波市经济总量、财政能力稳居省内第二的实际地位并不相符,需要引起宁波市政府的注意。 在金融环境方面,宁波市的得分为 78.3,远高于省内均分(74.5),排名第二,显示出宁波市较好的整体金融实力,与杭州市均位列中国城市资本竞争力 30 强①,其中杭州市位列第四,宁波市位列第九,宁波市有上市公司 75家,私募基金管理机构有 817 家(浙江省其余地区 2071 家),管理基金规模达 3442 亿元(浙江省其余地区为 7476 亿元)②,显示出宁波市强大的金融资本实力。 税赋环境方面,宁波市的得分为 76.1,略低于省内均分(76.8),排名第三,主要原因在于舟山市的得分为 100,影响了省内均分的分布,显示出宁波市政府在为企业特别是高新技术企业营造良好的税赋环境和税收减免上,有着较好的表现,而杭州市则由于有较多高新技术企业聚集,政府给予的税赋好处反而不太明显。

表 6-10　浙江省 11 个地级市政府对企业的支持指数得分

地级市	政府对企业的支持	省内排名	基础环境	省内排名	金融环境	省内排名	税赋环境	省内排名
杭州	87.5	1	88.6	1	99.0	1	73.5	8
宁波	76.5	3	74.3	4	78.3	2	76.1	3
温州	73.5	9	77.5	2	69.3	8	75.5	4
嘉兴	74.4	6	69.1	9	77.1	5	75.1	5
湖州	74.2	7	73.6	6	73.5	7	75.5	4
绍兴	74.0	8	67.8	10	77.6	3	74.5	6
金华	74.8	5	74.1	5	75.7	6	74.3	7

---

① 《2019 城市资本竞争力 30 强(上市公司数量)乌鲁木齐排 25》,搜狐网,2019 年 5 月14 日,http://www.sohu.com/a/313773227_132983。

② 《中基协:截至 1 月私募基金管理人 24458 家、管理规模 12.74 万亿》,搜狐网,2019年 2 月 25 日,http://www.sohu.com/a/297553981_115362?_f=index_pagerecom_15。

地级市	政府对企业的支持	省内排名	基础环境	省内排名	金融环境	省内排名	税赋环境	省内排名
衢州	71.0	10	71.8	7	66.6	9	75.5	4
舟山	76.6	2	67.6	11	61.7	11	100.0	1
台州	75.9	4	70.0	8	77.2	4	78.8	2
丽水	67.4	11	76.7	3	63.3	10	65.6	9

(3)宁波市民营企业活跃度指标分析结果

2018 年宁波市民营企业活跃度指标得分为 97.8,排名第二,远高于省内均分(84.7),显示出宁波市民营企业有着较高的活跃度(见表 6-11)。 本指标数据主要来源于浙商研究院《浙商创业观察》,本研究运用抽样方式,采用分层随机抽样,根据人口数量、经济发展水平对浙江 11 个地级市进行分层分类,随机抽样获得 1860 个有效样本。 调查显示,创业者人数为 982 人,占总样本人数的 52.8%。 宁波市在该指标上得分较高,显示出当地民众具有较高的创业创新热情,愿意去建立企业,而当地企业也愿意进一步扩大投资规模。

表 6-11　浙江省 11 个地级市民营企业活跃度指数得分及排名

地级市	民营企业活跃度	省内排名
杭州	87.4	6
宁波	97.8	2
温州	68.4	10
嘉兴	60.0	11
湖州	100.0	1
绍兴	77.9	8
金华	85.2	7
衢州	91.3	5
舟山	97.2	3
台州	72.1	9
丽水	94.3	4

（4）宁波市政府亲近感知度指标分析结果

2018 年宁波市政府亲近感知度指标的得分为 95.4，远高于省内均分（85.9），排名第二（见表 6-12）。 这一指标数据来源于浙商研究院所做"浙商创业观察"项目中"创业者对亲近的感知度"的调查问卷，以测评各市创业者对政府亲近的感知度。 该调研以地级市为单位，完成 1860 份样本取样工作，按浙江省 11 个地级市人口比例取得创业者样本 982 份。 结果表明，宁波市政府给公众提供的政务服务支持较多，且能够让创业者较好地感知到。

表 6-12　浙江省 11 个地级市政府亲近感知度指数得分及排名

地级市	政府亲近感知度	省内排名
杭州	81.2	9
宁波	95.4	2
温州	86.8	7
嘉兴	88.3	6
湖州	73.8	10
绍兴	93.0	3
金华	85.1	8
衢州	60.0	11
舟山	100.0	1
台州	91.7	4
丽水	89.7	5

（5）宁波市政府廉洁度指标分析结果

2018 年宁波市政府廉洁度指标的得分为 90.8，分值不低，但只略高于省内均分（88.6），排名第七，位置一般（见表 6-13）。 本指标测量维度单一、权重大，主要考察被纪委监委通报的违纪官员数量在机关事业单位就业人员总数中的比重。 从评估情况来看，宁波市平均被通报违纪官员人数占比数值在省内属于平均水平，需要进一步促进"清廉政府"建设，并让企业感受到。

表 6-13　浙江省 11 个地级市政府廉洁度指数得分及排名

地级市	政府廉洁度	省内排名
杭州	99.9	2
宁波	90.8	7
温州	95.5	5
嘉兴	100.0	1
湖州	91.7	6
绍兴	99.2	3
金华	80.8	8
衢州	70.0	11
舟山	98.6	4
台州	76.4	9
丽水	71.1	10

(6)宁波市政府透明度指标分析结果

2018 年宁波市政府透明度指标的得分为 96.7，在浙江省 11 个地级市中排名第一，远超省内均分（87.3），显示出宁波市在打造"阳光政府"方面的突出成绩（见表 6-14）。其中，信息公开指标的得分为 99.5，在全省排名第二，表明宁波市政府对公民依法依规的信息公开申请按时办结情况良好；财政透明度指标的得分为 94.0，位列全省第二，说明宁波市财政信息公开程度也较高，及时进行政府预算的公开，同时对于各部门预算的公开也非常重视。在类似评价中，中国社会科学院法学研究所自 2009 年开始开展的政府透明度评测显示，宁波市始终位居同类城市前列并数度夺冠；而在省政府组织的政务公开专项评测中，宁波市在 2016 年、2017 年连续两年位居全省第一[1]，与本评价结果相互印证。

---

① 宁波发布:《政府透明度全国排前列！一起来看看宁波政务公开"家底"》,搜狐网,2018 年 6 月 29 日,http://www.sohu.com/a/238410913_395022。

表 6-14 浙江省 11 个地级市政府透明度指数得分

地级市	政府透明度	省内排名	信息公开	省内排名	财政透明度	省内排名
杭州	88.3	7	76.5	10	100.0	1
宁波	96.7	1	99.5	2	94.0	2
温州	85.1	8	90.0	6	80.2	8
嘉兴	89.9	6	88.6	7	91.3	4
湖州	76.2	10	82.4	9	70.0	11
绍兴	73.3	11	70.0	11	76.6	9
金华	96.0	2	98.5	3	93.5	3
衢州	94.2	3	100.0	1	88.3	6
舟山	90.0	5	90.7	5	89.3	5
台州	90.5	4	95.3	4	85.7	7
丽水	79.9	9	88.2	8	71.6	10

(7)宁波市政府廉洁感知度指标分析结果

2018 年宁波市政府廉洁感知度指标的得分为 95.9，高于省内均分（89.5），排名第三（见表 6-15）。该指标数据源于浙商研究院所做"浙商创业观察"项目中"创业者对廉洁的感知度"调研问卷。该调研以地级市为单位，获取 1860 份样本，再按浙江省 11 市人口比例取得创业者样本 982 份，考察各地级市创业者对政府廉洁的感知度。调研数据显示，宁波市政府廉洁感知度在省内属于较高水平，创业者对于政府廉洁度有着较高的感受，与政府透明度指标呼应较好。宁波市在这方面表现较好的原因有两点：一是政府主动透明，二是创业者感知到政府廉洁。

表 6-15 浙江省 11 个地级市廉洁感知度指数得分及排名

地级市	政府廉洁感知度	省内排名
杭州	87.0	8
宁波	95.9	3
温州	88.3	7
嘉兴	91.5	6

续　表

地级市	政府廉洁感知度	省内排名
湖州	81.6	9
绍兴	96.2	2
金华	87.0	8
衢州	70.0	10
舟山	100.0	1
台州	93.5	4
丽水	93.4	5

6.2.3　基于评估结果的观察与建议

借助浙江省新型政商关系"亲清"指数评估,我们考察了当前宁波市新型政商关系的构建情况,本部分将对宁波市新型政商关系的评估结果进行总结分析,并为下一步如何开展工作提供对策、建议和意见。

(1)宁波市新型政商关系构建情况结果分析

①在政府透明度、民营企业活跃度、政府亲近感知度等方面优势明显。

根据浙江省新型政商关系"亲清"指数显示,在 7 个一级指标中,宁波市政府透明度指数的得分位列浙江省第一,民营企业活跃度、政府亲近感知度得分的排名居浙江省第二位,稳居第一梯队,优势明显。 首先,这表明宁波市政府在构建新型政商关系中,较好地促进了"透明政府"的建设,并在全省乃至全国都排在前列。 2018 年宁波市江北区被列入全国基层政务公开标准化规范化建设 100 个县(市、区)试点,该区 8 个试点领域的专项标准已经编制完成,梳理公开事项 84 项,基本实现 8 个试点领域全覆盖;近年来,宁波市正在现有"1＋X"的制度体系下,着力推进政务公开标准化建设,统一规范政务公开的领域名称、事项内容、内容标准、公开主体、公开时限、公开类别等,推动全市政务公开水平的提升①。 其次,在支持民营企业发展方面,近年来

---

① 《政府透明度全国排前列! 一起来看看宁波政务公开"家底"》,搜狐网,2018 年 6 月29 日,http://www.sohu.com/a/238410913_395022。

宁波市"重拳"频出，比如继降本减负"新十条"、优化营商环境"80条"之后，宁波市委、市政府又出台了《关于促进民营经济高质量发展的实施意见》（"宁波25条"），打出一波"组合拳"，支持宁波民营企业再腾飞。

②在政府对企业的支持、政府廉洁感知度等方面有较大优势。

本"亲清"指数得分显示，宁波市在政府对企业的支持、政府廉洁感知度指标的得分列浙江省第三位，具有一定的优势。 第一，政府对企业的支持表现不俗，但还有部分提升空间，在基础环境、金融环境与税赋环境等3个指标中，金融环境表现较好，仅次于杭州市，特别是上市公司、私募基金等的直接融资能力较强，有力地支撑着宁波市的金融环境；在税赋环境方面，2018年8月，宁波市税务局成为国家税务总局"优化税收营商环境"第二批试点单位，宁波市企业将享受到首次申领发票1日办结、压缩房地产交易办税时间等10项创新纳税服务，进一步提升办税便利度[①]；在基础环境方面，得分只有74.3，略好于省内均分，还有一定提升空间。 第二，政府廉洁感知度已然表现不俗，需要保持，从企业方面进一步改善新型政商关系。

③在政府对企业的服务、政府廉洁度等方面存在短板。

本"亲清"指数得分显示，宁波市的政府对企业的服务、政府廉洁感知度等得分排在浙江省中游，前者列第六，后者列第七，是需要提升的短板。 在政府对企业的服务方面，服务完备与准确度指标排名第七，服务成熟与成效度排名第六，得分均在省内均分左右，与宁波市在省内政治、经济、社会地位并不相符。 在政府廉洁度方面，宁波市仅排名第七（人大版指数中该指标排名第六，与本评价相印证），因此需要进一步坚决推进反腐败工作，各级党组织和纪检监察组织要切实担起管党治党责任，突出全面从严治党主线。

（2）宁波市新型政商关系构建的政策建议

①保持当前优势方面不放松，巩固既有成绩。

如前文所述，本评估结果显示，宁波市在政府透明度、民营企业活跃度、

---

① 《宁波列入"优化税收营商环境"试点 甬企将享10项创新服务》，《浙江日报》，新浪网，2018年8月28日，http://k.sina.com.cn/article_1708763410_65d9a91202000l73l.html。

政府亲近感知度等方面优势明显，在政府对企业的支持、政府廉洁感知度等方面有较大优势，需要继续巩固。　第一，进一步推进"阳光工程网"建设，打造"阳光政府"，提升政府透明度与公信力；完善社会信用建设，加快社会诚信建设与金融诚信建设，建立健全食品药品、安全生产、质量诚信、纳税信用、环境保护、劳动保障、工程建设等领域的商务信用体系，以从政府一侧多方位提升新型政商关系构建的水平。　第二，进一步打好支持民营经济再腾飞的"组合拳"，将"妈妈式服务"进行到底，力争在企业一侧推进新型政商关系的构建。

②着力补齐短板环节，全面提升新型政商关系水平。

如前文所述，本评估结果显示，宁波市的政府对企业的服务、政府廉洁度等得分排名处于浙江省中游，属于宁波市新型政商关系构建过程中的短板环节。　第一，进一步推进"廉洁宁波"建设，以清廉教育、清廉企业、清廉乡村建设为支点，将之融入全市经济、政治、文化、社会和生态文明建设各个领域，贯穿于党的建设的各个方面，为新型政商关系构建提供保障。　但宁波市在政府廉洁感知度方面做得较好，政府廉洁度提高会让企业很快感知到，如此双向互动，必然会大大推进新型政商关系的构建水平与进程。　第二，需要进一步深化"放管服"改革，简化行政审批流程，推进"最多跑一次"向"最多跑零次"转变，以企业和群众需求为导向，深化服务能力，完善服务保障。

6.3　温州市新型政商关系分析

6.3.1　温州市新型政商关系总体分析

整体来看，温州市的政商关系情况处于中等水平。　根据测算的"亲清"指数结果，温州地区的"亲清"指数的得分为 84.7，在全省 11 个地级市中排名第六，处于第二梯队。　一方面，从"亲近"指数的计算结果来看，温州市"亲近"指数的得分为 77.7，在全省 11 个地区中排名第十，表明温州市政府对企业的亲近力表现较不理想。　具体来看，温州市只有政府对企业的服务的得分较高，排名较为靠前，而政府对企业的支持、民营企业活跃度和政府亲近感知度的得分排名则相对靠后，尤其是民营企业活跃度的得分很低，与其他排名靠前的城市差距较大，这造成了温州市"亲近"指数较低的结果。另一方面，从"清白"指数的计算结果来看，温州市"清白"指数的得分为91.7，排名第五，处于第一梯队，反映了温州市政府的清白程度较高。具体来看，政府廉洁度得分较高，为95.5，排在全省第五名，而政府透明度和政府廉洁感知度指数的得分分别为85.1和88.3，排在全省第八名和第七名，处于中等水平（见图6-3）。可以看出，2018年温州市的民营企业活跃度较低，对"亲近"指数的影响较大，使得温州市"亲清"总指数的得分偏低。

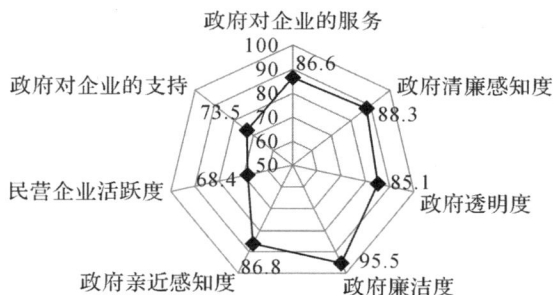

图 6-3　温州市"亲清"指数各一级指标得分情况

6.3.2　温州市新型政商关系的进一步分析

为了更具体地了解温州市"亲""清"新型政商关系的构建情况，本节将进一步对温州市"亲清"指数的各项构成指标的得分情况进行分析，以更加深入地了解温州市在新型政商关系构建中的优势和短板，为温州市下一步开展工作提供建议和意见（见表6-16）。

表 6-16　温州市"亲清"指数各一级指标得分情况

一级指标	百分制得分	省内均分	省内排名
政府对企业的服务	86.6	85.4	4
政府对企业的支持	73.5	75.1	9
民营企业活跃度	68.4	84.7	10
政府亲近感知度	86.8	85.9	7

一级指标	百分制得分	省内均分	省内排名
政府廉洁度	95.5	88.5	5
政府透明度	85.1	87.3	8
政府廉洁感知度	88.3	89.5	7

(1)"亲近"指数分析

从计算结果来看,温州市政府对企业的服务指数的得分为 86.6,在全省 11 个地区中排第四名;政府对企业的支持指数的得分为 73.5,在全省排第三名;民营企业活跃度指数的得分为 68.4,在全省排第十名;政府亲近感知度指数的得分为 86.8,在全省排第七名。 具体如图 6-4 所示。

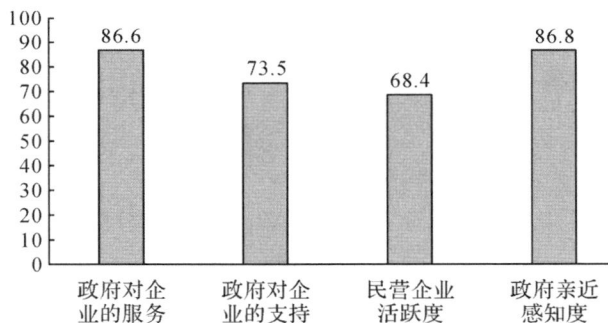

图 6-4　温州市"亲近"指数的一级构成指标得分情况

由此可知,在"亲近"指数的构成指标中,政府对企业的服务和政府亲近感知度指标的得分均较高,是温州市新型政商关系体系中的优势项。 但值得注意的是,虽然政府亲近感知度指标相对本地区的其他指标得分较高,但与其他地区对比,还存在一定的差距,仍需要进一步提高。 另外,民营企业活跃度指数的得分最低,拉低了温州市的"亲近"指数的得分,是温州市政商关系构成体系中的短板。 同时,政府对企业的支持指数的得分也较低,因此政府对企业的支持也是温州市政商关系之亲近关系中需要加强的一个方面。

进一步地,本节从一级指标的各二级构成指标来更加具体地分析"亲近"

指数的优势项和弱项，以便更好地和更有针对性地来解决问题。 由于政商关系"亲近"综合指标中的两个一级指标民营企业活跃度、政府亲近感知度也为二级指标，因此本节将主要分析温州市政府对企业的服务和政府对企业的支持这两个指标。 根据计算结果可知，温州市服务完备与准确度指标的得分为80.1，在全省11个地区中排名第十；服务成熟与成效度指标的得分为93.1，在全省排第三名；基础环境指标的得分为77.5，在全省排名第二；金融环境指标的得分为69.3，在全省排名第八；税赋环境指标的得分为75.5，在全省排名第五（见图6-5）。

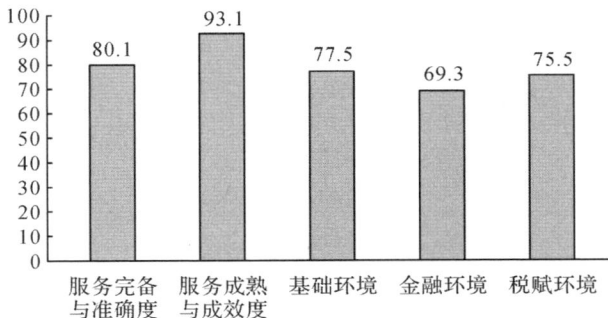

图6-5 温州市"亲近"指标的部分二级构成指标的得分情况

由此可知，在"亲近"指数的二级指标构成中，服务完备与准确度指标和服务成熟与成效度指标的得分均较高，是温州市政商关系之"亲近"关系中的优势项。 但值得注意的是，服务完备与准确度虽然相对本地区的其他指标得分较高，但是在全省排名却较为靠后，因此温州地区在政府对企业的服务方面需要提高的是服务完备和准确度。 另外，可以发现，金融环境指数的得分是这些指标中最低的，且在全省中排名靠后；基础环境指数和税赋环境指数的得分虽然在全省中排名相对靠前，但得分仍不高。 整体来看，在政府对企业的支持的构成指标中，温州市的基础环境、金融环境和税赋环境指标的得分均较低，使得政府对企业的支持指标的得分较低，因此，其是温州地区需要提高和改善的主要方面。

通过测算和分析可知，温州地区的政商关系之"亲近"关系的短板主要是民营企业活跃度和政府对企业的支持两个方面，因此要通过提高民营企业活跃度及改善企业经营的基础环境、金融环境和税赋环境来优化温州地区的政商关系。 同时，为缩小与其他地区的差距，温州地区还需进一步提升政府对企业的服务指标下的服务完备和准确度及政府亲近感知度。

(2)"清白"指数分析

"清白"指数分为政府廉洁度、政府透明度和政府廉洁感知度 3 个一级指标。 从计算结果来看，温州市政府廉洁度指标的得分为 95.5，在全省 11 个地区中排名第五；政府透明度指标的得分为 85.1，在全省排名第八；政府廉洁感知度指数的得分为 88.3，在全省排名第七（见图 6-6）。

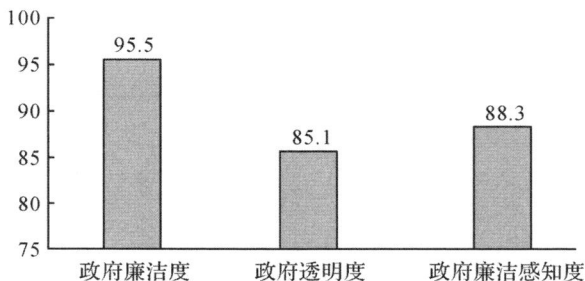

图 6-6　温州市"清白"指数的一级构成指标情况

由此可知，在"清白"指数的构成中，政府廉洁度指数的得分最高，且在全省排名中处于中间位置，而政府透明度指数和政府廉洁感知度指数的得分虽然在 80 以上，但在全省中的排名较为靠后。 因此，温州地区"清白"指数中的弱项是政府透明度指数和政府廉洁感知度指数，需要进一步提高政府透明度和政府廉洁感知度来缩小与全省其他地区的差距。

6.3.3　基于评估结果的观察与建议

总体来看，温州市新型政商关系"亲清"指数的得分在全省处于中等水平，表明温州市的新型政商关系还未建成，整体表现还不够完善。 具体来看，温州地区仅在政府对企业的服务方面表现较好，得分较高且排名靠前，而在其他方面都存在一定的不足。 一方面，温州市在民营企业活跃度、政府对企业的支持、政府透明度、政府廉洁感知度方面的得分相对其他指标均较低，是新型政商关系"亲清"指数中的短板。 另一方面，温州市在政府亲近感知度和政府廉洁度方面的得分虽然相对其他指标较高，但与其他市还存在一定差距。 为了进一步推进温州地区"亲清"新型政商关系的构建，我们提出以下对策建议。

第一，在政府对企业的服务方面，温州市应在保持服务成熟与成效度较高这一优势的前提下，还要进一步提升政府服务的完备和准确度。 目前，全省各地方已经开始在网上政务服务平台办理事项，温州市除了要进一步实行和完善网上行政审批制度，还要大力推进涉及社会诸多领域的全事项网上办理流程，拓展平台服务功能，尤其是公众关心的医疗、教育、就业等领域的服务，并多从百姓的角度深入完善平台服务事项和流程，确保平台服务的稳定运行，让百姓办事更加便捷。 通过编制科学、合理、简便易懂的办事流程和办事指南，提升办事流程和指南的完整性和可获取性，以进一步提高温州市政务服务完备与准确度，加速推动服务型政府的建设。

第二，在政府对企业的支持方面，基础环境、金融环境和税赋环境是温州市需要改善的地方。 在基础环境方面，温州市各地区政府要进一步落实市政府印发的《2018 年温州市社会信用体系建设工作》，继续推广"信用＋平台""信用＋农村""信用＋监管"等温州市"信用＋"模式，让温州市的守信个人和企业有望享受更多的"信用红利"。 在金融环境方面，要进一步扩大企业的发展规模，提高企业发展质量，以及拓宽其业务发展的空间范围，以提高温州市上市公司的数量，从而进一步促进企业的高质量和创新发展。 同时，银行系统要尽量站在企业角度，帮助企业解决融资问题。 在税赋环境方面，温州市在未来一段时期里仍然要进一步按照国务院的统一部署，落实降税减税政策，尤其是落实国务院支持创业创新和小微企业发展税收优惠政策，打好税收政策的"组合拳"，努力减轻企业的税收负担。

第三，在民营企业活跃度方面，温州市政府应将其作为重点加强和提高的方面。 小微企业众多是温州市经济发展的一大特色，在新经济形势下，温州市政府要继续积极优化制度，营造公平有序的法治市场竞争环境，不遗余力地扶持"小企业大群体"发展，支持更多的创业者开展创业活动。 尤其是在以租赁与商业服务业、零售业、批发业和制造业为主要行业的地区，要以"小微企业三年成长计划"为指导，坚持"政府引导、市场运作"，继续不断激发创新创业热情，让小微企业做大做强，从切实降低企业制度性交易成本等方面为创业企业提供信息支持，解决创业难题，以提升温州市民营企业的活跃度水平。

第四，在政府亲近感知度方面，温州市政府要认识到自身与其他地区存在的差距，采取相应的政策措施来进一步提高政府亲近感知度。全市各政府部门要充分认识到创业企业是经济活力的重要来源，要树立主动服务企业的理念，多到企业走访调研，了解企业在发展中存在的问题和需求。尤其是让不同的市政府部门通过到企业调研，确实了解和分析企业的问题，积极帮助企业解决面临的实质性难题，为民营企业提供服务，让企业充分体会到政府的关怀和帮助，以提高民营企业对政府的亲近感知度。

第五，在政府廉洁度方面，温州市要进一步推进市政府部署的系统廉政建设工作，要以向嘉兴市、杭州市看齐的姿态把廉政建设摆在更加突出的位置，提高政治站位能力，强化责任担当，结合全省全市警示教育活动，紧扣清廉温州建设目标，找差距、补短板、堵漏洞，推动廉政工作取得更大成效；要以永远在路上的韧劲和执着打造廉洁政府，对标新要求、新任务，大力加强政治建设，全面压实主体责任，强化廉政风险防控，抓严抓实作风建设；要采取有力有效措施，以"政府瘦身"促进"反腐强身"，全力抓好减税降费、简政放权、基层减负三项重点工作。

第六，在政府透明度方面，温州市应进一步推进财政资金信息的公开，要更加细化财政预算的信息，真正做到将政府账本晒清楚、晒完整，使社会公众看得到、看得懂、易监督，并继续保持财政信息公开透明度在全国保持前列的状态。同时，要进一步做好公共资源配置信息公开、重大建设项目信息公开、公共服务信息公开、环境保护信息公开、食品药品安全信息公开等方面的工作，让百姓更加了解政府的工作动态和成效。

第七，在政府廉洁感知度方面，温州市政府应当落实实施"清廉温州"工作，一要广开言路，畅通举报渠道，多层次多渠道受理群众的举报；二要加强党员干部的作风意识，督促履责担当，注重于源头预防，不断拓宽宣传渠道，创新活动载体；三是通过采取明察暗访、重点抽查、基层接访等方式，不定时地对全市党员干部的作风建设情况进行日常督查，并将督查范围延伸至审批窗口、基层站所、社区、村居"两委"等更接地气、更近民生的部门，达到政府部门做到廉洁、百姓能感知的状态。

6.4 衢州市新型政商关系分析

6.4.1 衢州市新型政商关系总体分析

衢州市在 2018 年浙江省新型政商关系"亲清"指数中的得分为 78.8，位于全省第三梯队，低于全省各地级市平均得分（84.7 分），与丽水市（78.2 分）、台州市（80.6 分）较为接近，与杭州市（91.8 分）、舟山市（90.0 分）等地级市差距较大。 在"亲近"指数上，衢州市的得分为 80.3，低于全省各地级市平均得分（81.2 分），与杭州市（88.4 分）相比差距较大（见表 6-17）。

具体来看，衢州市政府对企业的服务指数的得分为 92.0，位于全省第二；民营企业活跃度指数的得分为 91.3，位于全省第五；政府透明度指数的得分为 94.2，位于全省第三，这 3 项指标的得分都超过了全省平均水平（见图 6-7）。 但在政府对企业的支持、政府亲近感知度、政府廉洁度和政府廉洁感知度上，衢州市的得分相对较低，除第一项排名第十外，后 3 项的得分均排在末位（说都排第十一不准确，亲近感知度有并列），处于最低水平。 综合以上分析，衢州市"亲清"新型政商关系的构建在各个板块的差异较大，存在"长短腿"现象，在政府对企业的服务、企业活跃度及政府透明度等方面建设情况较为良好，走在全省的前列。 但同时，政府对企业的支持、政府亲近感知度、政府廉洁度和政府廉洁感知度都大幅低于全省平均水平，甚至垫底，是衢州市下一步应重点提升的领域。

表 6-17 浙江省 11 个地级市新型政商关系"亲清"指数得分及排名

地级市	"亲情"指数	排名
杭州	91.8	1
宁波	90.0	2
温州	89.2	3

地级市	"亲情"指数	排名
嘉兴	86.1	4
湖州	85.2	5
绍兴	84.7	6
金华	84.4	7
衢州	83.2	8
舟山	80.6	9
台州	78.8	10
丽水	78.2	11
浙江省 11 个地级市的平均得分：84.7		

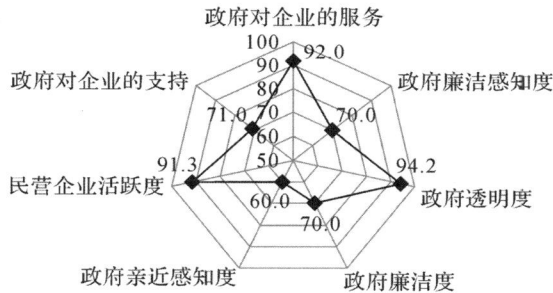

图 6-7　衢州市"亲清"指数图

6.4.2　衢州市新型政商关系的进一步分析

为了更清楚、更具体地了解衢州市新型政商关系的构建情况，本部分将对衢州市各项分指标的得分情况进行分析，以总结衢州市在新型政商关系构建中所形成的可复制、可推广的经验，并发现其存在的问题，为下一步开展工作提供建议和意见。

(1)衢州市政府对企业的服务指标分析结果

从表 6-18 中可看出，政府对企业的服务指数是衢州市在新型政商关系评价中的优势指标，2018 年衢州市政府对企业的服务指数的得分为 92.0，与杭州市（92.7分）、金华市（91.2分）位列前三甲，远高于平均分（85.4），位于全省第二。 其中，在服务完备与准确度方面，衢州市的得分为 92.8（满分 100），在浙江省 11 个地级市中排在第一位，这一方面得益于衢州市卓有成效的智慧政务服务平台建设，市民足不出户，就能在手机上完成上千项政务服务事项，提高了政务服务的完备和准确度；另一方面得益于衢州市按照国家、省"减证便民"工作总体要求，全面梳理了群众和企业办事的证明材料，形成办事证明目录清单，并在网络上共享，方便公众下载阅读，政务服务的可理解性、可操作性大幅提高。 衢州市在服务成熟与成效度方面的得分为 91.1（满分 100），在浙江省 11 个地级市中排名第四，超过了全省平均水平（见表 6-18）。 其中，政府服务成熟度是指衢州市政府在为公众办理事项时的效率，即是否能够实现"最多跑一次"，还可以衡量政务服务提供的"可办性"，具体体现为政务服务在线一体化办理程度。 这一指标上的得分较好地表明衢州市在推进政府治理体系和治理能力现代化上取得了很不错的成绩，"最多跑一次"改革的进程持续走在全省前列。 在 2018 年底，衢州市已实现"最多跑一次"事项的全覆盖，建成市区"无证明办事之城"和"掌上办事之城"，给公众带来了很大的"获得感"。

表 6-18　浙江省 11 个地级市政府对企业的服务指数得分

地级市	服务完备与准确度	服务成熟与成效度
杭州	87.2	98.2
宁波	84.7	85.8
温州	80.1	93.1
嘉兴	86.3	83.7
湖州	84.3	70.3
绍兴	80.6	84.0
金华	85.5	97.0
衢州	92.8	91.1
舟山	88.1	70.7
台州	78.8	86.7
丽水	90.9	79.7

（2）衢州市政府对企业的支持指标分析结果

2018 年衢州市政府对企业的支持指数得分为 71.0，比全省平均得分低 4.1 分，在浙江省 11 个地级市的政府对企业的支持指数的得分的 4 个梯队中，衢州市相对较弱，处于第四梯队。 如表 6-19 所示，在基础环境方面，衢州市的得分为 71.8（满分 100），在浙江省 11 个地级市中排名第九。 这表明衢州市的经济情况处于浙江省中游水平，经济发展对企业的支持力度较小。衢州市的金融环境指数的得分为 66.6，位列全省第九，衢州市因为地处浙江省西部地区，金融集聚效应不如长三角地区的地级市强，资本市场发展方面也不如发达城市，上市公司数量较少。 在赋税环境方面，衢州市的得分为 75.5，在 11 个地级市中与温州市并列第四，这表明衢州市企业的税收负担相对较轻，因为浙江省政府、衢州市政府为发展地区经济，实行结构性减税降费，给予企业较多的税收优惠政策，有效降低了企业的税赋负担。

表 6-19　浙江省 11 个地级市政府对企业的支持指数得分

地级市	基础环境	金融环境	赋税环境
杭州	88.6	99.0	73.5
宁波	74.3	78.3	76.1
温州	77.5	69.3	75.5
嘉兴	69.1	77.1	75.1
湖州	73.6	73.5	75.5
绍兴	67.8	77.6	74.5
金华	74.1	75.7	74.3
衢州	71.8	66.6	75.5
舟山	67.6	61.7	100.0
台州	70.0	77.2	78.8
丽水	76.7	63.3	65.6

（3）衢州市企业活跃度指标分析结果

2018 年衢州市民营企业活跃度指标的得分为 91.3，超过平均得分 6.6 分，在浙江省 11 个地级市中排名第五（见表 6-20）。 这表明衢州市的民众具有较高的创业创新热情，愿意去建立企业，而衢州市的企业也愿意进一步扩大投资规模。

表 6-20　浙江省 11 个地级市民营企业活跃度指数得分及排名

地级市	民营企业活跃度	排名
湖州	100.0	1
宁波	97.8	2
舟山	97.2	3
丽水	94.3	4
衢州	91.3	5
杭州	87.4	6
金华	85.2	7
绍兴	77.9	8
台州	72.1	9
温州	68.4	10
嘉兴	60.0	11

(4)衢州市政府亲近感知度指标分析结果

2018 年衢州市政府亲近感知度指标的得分为 60.0，低于平均得分 25.9 分，在浙江省 11 个地级市中排名垫底（见表 6-21）。 这表明尽管衢州市政府给公众提供的政务服务支持较多，但这些支持未能与创业者对"亲近"的需求相契合，需要进一步优化改善。

表 6-21　浙江省 11 个地级市政府亲近感知度指数得分及排名

地级市	政府亲近感知度	排名
舟山	100.0	1
宁波	95.4	2
绍兴	93.0	3
台州	91.7	4
丽水	89.7	5

续　表

地级市	政府亲近感知度	排名
嘉兴	88.3	6
温州	86.8	7
金华	85.1	8
杭州	81.2	9
湖州	73.8	10
衢州	60.0	11

（5）衢州市政府廉洁度指标分析结果

第一，2018 年衢州市政府廉洁度指标得分为 70.0，低于平均得分 18.5 分，在浙江省 11 个地级市中排名第十一（见表 6-22）。本指标测量维度单一、权重大，从评估情况来看，衢州市平均被通报违纪官员人数占机关事业单位就业人员数的比率较高，这既反映出衢州市当前干部廉洁问题依然在不同形式上存在，也反映出政府持续开展反腐败工作的力度。

表 6-22　浙江省 11 个地级市政府廉洁度指数得分及排名

地级市	政府廉洁度	排名
嘉兴	100.0	1
杭州	99.9	2
绍兴	99.2	3
舟山	98.6	4
温州	95.5	5
湖州	91.7	6
宁波	90.8	7
金华	80.8	8
台州	76.4	9
丽水	71.1	10
衢州	70.0	11

(6)衢州市政府透明度指标分析结果

2018 年衢州市政府透明度指数的得分为 94.2，超过平均得分 6.9 分，在浙江省 11 个地级市中排名第三（见表 6-23），说明衢州市在打造"阳光政府"方面有了突出成绩。 其中，信息公开指数的得分为 100 分，全省排名第一，表明衢州市政府对于公民依法依规的信息公开申请按时办结情况表现良好；财政透明度指数的得分为 88.3，位列全省第六，说明衢州市财政信息公开程度有进一步提高的空间。

表 6-23 浙江省 11 个地级市政府透明度下的二级指标的得分

地级市	信息公开	财政透明度
杭州	76.5	100.0
宁波	99.5	94.0
温州	90.0	80.2
嘉兴	88.6	91.3
湖州	82.4	70.0
绍兴	70.0	76.6
金华	98.5	93.5
衢州	100.0	88.3
舟山	90.7	89.3
台州	95.3	85.7
丽水	88.2	71.6

(7)衢州市政府廉洁感知度指标分析结果

2018 年衢州市政府廉洁感知度指标的得分为 70.0 分，低于平均得分 19.5 分，在浙江省 11 个地级市中排名垫底，距排名第一的舟山市有 30 分的巨大差距，甚至与排名第十的湖州市都有 11.6 分的差距（见表 6-24）。 这表明衢州市政府廉洁感知度在省内属于比较落后的水平，是拉低其新型政商关系指数得分的最主要短板。 创业者对政府的信任程度不高，这将对新型政商关系的构建造成一定阻碍。

表 6-24　浙江省 11 个地级市政府廉洁感知度指数的得分及排名

地级市	政府廉洁感知度	排名
舟山	100.0	1
绍兴	96.2	2
宁波	95.9	3
台州	93.5	4
丽水	93.4	5
嘉兴	91.5	6
温州	88.3	7
杭州	87.0	8
金华	87.0	8
湖州	81.6	9
衢州	70.0	10

6.4.3　基于评估结果的观察与建议

通过了解衢州市新型政商关系的构建情况，本部分将对衢州市新型政商关系的评估结果进行具体分析，以总结衢州市在新型政商关系构建中所具备的优势与短板，并为下一步开展工作提供对策、建议和意见。

（1）衢州市新型政商关系构建情况结果分析

①深化"放管服"改革，保持服务力优势。

衢州市政府对企业的服务指数的得分位于全省第二，其中在服务完备与准确度方面，衢州市在浙江省 11 个地级市中排第一名。 在接下来的建设过程中，衢州市应继续保持在服务上的优势，进一步深化"放管服"改革，简化行政审批流程，推进"最多跑一次"向"最多跑零次"转变，以企业和群众需求为导向，深化服务能力，完善服务保障；进一步加强网上政务服务平台信息资源的集约统一，推动网上政务服务标准化，同时继续强化顶层设计和统筹协调力度，加强信息共享和业务协同；进一步提升网上政务服务平台覆盖面和精细度，促进线上线下深度融合，整合多渠道服务，完善"互联网＋政务服务"的相关法规制度。

②深化创新驱动战略，保持企业活跃度优势。

2018 年衢州市民营企业活跃度指标的得分在浙江省 11 个地级市中排名第五。 因此，政府应继续优化制度，深入实施创新驱动发展战略，推动以人才为核心的创新创业高质量发展，继续落实政策、搭建平台、培育人才、营造氛围，创造公平有序法治的市场竞争环境，组建"高含金量"的创业导师队伍，在农民创业基地、大学生创业园等地开展一对一的创业指导服务。 坚持举办"奇思妙想""中国创翼"等品牌创业大赛，建设各类创业创新平台，以支持更多的创业者开展创业创新活动。 此外，应发挥政府投资的引导作用，激发小微企业转型升级的热情，引导企业家要有超前的发展理念，主动转型升级，树立精品和品牌意识，从拓展业务广度、提升服务质量和提供个性化产品等多角度入手，找准企业发展方向，加快推动企业转型升级。

③强化政务公开，保持透明度优势。

2018 年衢州市政府透明度指数的得分在浙江省 11 个地级市中排名第三，其中信息公开指数的得分为 100.0，全省排名第一。 为保持优势，衢州市政府应继续提高办结政务公开申请的能力，规范处理政务公开申请的业务流程，以提高对公民申请的回应性；强化政府信息公开答复意见的说理，明确不予公开的法律依据和具体理由，让申请人知其然，更知其所以然。 同时，应甄别政府信息公开类别，若属于主动公开范围的，及时主动公开，努力实现"让数据多跑路，群众少跑腿"。 推进数字财政建设，以政府数字化转型为契机，搭建财税大数据平台，为财政决策、收支预测、资金分配、项目管理、绩效管理、监督检查、信息公开等提供有效支撑。

（2）衢州市新型政商关系构建的政策建议

①优化基础环境，落实减税降费和"凤凰行动"计划，提升支持力。

2018 年衢州市政府对企业的支持指数的得分在浙江省 11 个地级市得分的 4 个梯队中相对较弱，处于第四梯队。 今后在提升政府对企业的支持方面，衢州市应依托当地丰富的旅游资源和历史悠久的民俗文化，以民俗文化激活乡村旅游新动能,大力发展旅游产业;宣传"宜居城市"概念,推进"雪亮工程"与智慧城市相结合,增强居民幸福感,扩大城市影响力,吸引资金与劳动力涌入,推动经济增长,优化基础环境;推进税赋环境改善,按照国务院的统一部署,落实降税减税政策,努力降低企业的税收负担;继续加强金融环境建设,积极贯彻落实省政府"凤凰行动"计划,努力发展资本市场,增加地区上市公司数量,提升上市公司市值,发展私募基金等民间金融机构,为企业发展多渠道筹措资金。

②建立沟通渠道,解决企业难题,提升政府亲近感知度。

2018年衢州市政府亲近感知度指标的得分在浙江省11个地级市中排名垫底。针对衢州市的新型政商关系中党政干部不"亲"企业的问题,应划出党政领导干部与民营企业家交往的底线与高线,继续加强党风廉政建设,破解少数干部"为官不为"的问题,多多开展政企交流会,倾听企业意见,切实解决企业难题。针对企业家不"亲"政府的问题,应强化沟通意识,保证沟通渠道充分和通畅,建立企业家与政府有关部门之间的沟通渠道"清单",对于沟通不通畅的问题,建议政府将企业家通过正式渠道反映的问题纳入督查范围,限期督办。

③加快建设"清廉衢州",提升政府廉洁度。

2018年衢州市政府廉洁度指标的得分在浙江省11个地级市中排第十一名。考虑到政府廉洁度会极大影响公众对政府的信心,从而影响企业家经营与投资的热情,衢州市必须坚决推进反腐败工作,全市各级党组织和纪检监察组织要切实担起管党治党责任,加快建设"清廉衢州"。同时,突出全面从严治党主线,以"清廉衢州"建设为主体,以清廉教育、清廉企业、清廉乡村建设为支点,提出把"清廉衢州"建设融入全市经济、政治、文化、社会和生态文明建设的各个领域,贯穿于党的建设各个方面,为衢州市经济社会发展提供坚强保障。此外,还应加大对基层小微权力腐败的惩处力度,在权力监管上盯住"三层(基层街道、基层社区、基层站所)",从法规依据、管理权限、运行流程、执行标准全方位健全制度,全面推行小微权力清单制度,规范权力运行流程。

④推进"负面清单""权力清单""责任清单"的使用，提升政府廉洁感知度。

2018 年衢州市政府廉洁感知度指标的得分在浙江省 11 个地级市中排名最末。 为进一步提升得分，补足短板，政府应针对企业家感知政商关系"不清"的突出问题，善用"负面清单""权力清单""责任清单"。

参考文献

［1］郑善文，2018. 构建亲清新型政商关系若干问题研究［J］. 理论研究
（5）:59-66.

［2］卞志村，2018. 构建"亲""清"新型政商关系［N］. 新华日报，2018-
11-13（15）.

［3］杨卫敏，2016. 构建"亲""清"政商关系探析——学习习近平有关新型
政商关系的重要论述［J］. 江苏省社会主义学院学报（3）:37-45.

［4］杨卫敏，2018. 简析新型政商关系的层次构建及保障——以浙江省的实
践探索为例［J］. 广西社会主义学院学报，29（4）:33-40.

［5］邱实，赵晖，2015. 国家治理现代化进程中政商关系的演变和发展
［J］. 人民论坛（5）: 12-15.

［6］王蔚，李珣，2016. 政商良性互动关系应遵循的原则及路径探析［J］.
湖南行政学院学报（6）:88-91.

［7］唐亚林，2016. "亲""清"政商关系的社会价值基础［J］. 人民论坛
（9）:6.

［8］侯远长，2017. 构建新型政商关系若干问题研究［J］. 学习论坛，33
（2）:11-14.

［9］陈璟，刘俊生，2016. 四维度政绩考核促"亲""清"型政商关系的建立
［J］. 中国党政干部论坛（6）:15-18.

［10］施雪华. 2010. "服务型政府"的基本涵义、理论基础和建构条件 ［J］. 社会科学（2）:3-11,187.

［11］褚红丽. 2018. 新型政商关系的构建:"亲"上加"清"［J］. 山东大学学报（哲学社会科学版）（5）:140-149.

［12］江阴市委统战部江阴市委党校联合课题组,2017. 新型政商关系构建中的统战策略研究［J］. 江苏省社会主义学院学报（6）:64-73.

［13］于文轩,林挺进,吴伟,2012. 提升政府治理水平,打造服务型政府——2011连氏中国服务型政府指数及中国城市服务型政府调查报告［J］. 华东经济管理,26（7）:26-30,38.

［14］新加坡南洋理工大学南洋公共管理研究生院课题组,2013. 完善服务型政府体系,实现全面均衡发展——2012年连氏中国服务型政府调查报告［J］. 经济研究参考（10）:22-40.

［15］吴伟,2014. 2013连氏中国服务型政府调查报告［J］. 电子政务（4）:18-33.

［16］吴伟,于文轩,马亮,2016. 提升社会公平感,建设服务型政府——2014连氏中国城市公共服务指数调查报告［J］. 公共管理与政策评论,5（1）:5-16.

［17］聂辉华,韩冬临,马亮,等,2018. 中国城市政商关系排行榜2017［R］. 2018.5.

［18］BAUM R,SHEVCHENKO A,1999. The paradox of China's post-mao reforms［M］. London:Harvard University Press.

［19］FISMAN R,2001. Estimating the value of political connections［J］. The American economic review,91（4）:1095-1102.

［20］FACCIO M,2006. Politically connected firms［J］. The American economic review,96（1）:369-386.

［21］LI H,MENG L S,WANG Q,et al.,2008. Political connections,financing and firm performance:evidence from Chinese private firms［J］. Journal of development economics,87（2）:283-299.

［22］CHEN C J P,LI Z Q,SU X J,et al.,2011. Rent-seeking incentives, corporate political connections, and the control structure of private firms: Chinese evidence [J]. Journal of corporate finance, 17 (2): 229-243.

[23] PIOTROSKI J D, ZHANG T, 2014. Politicians and the IPO decision: the impact of impending political promotions on IPO activity in China [J]. Journal of Financial Economics, 111 (1): 111-136.

[24] LIN K J, TAN J B, ZHAO L C, et al., 2015. In the name of charity: political connections and strategic corporate social responsibility in a transition economy [J]. Journal of corporate finance, 32: 327-346.

[25] LI S X S, WU H, 2015. Political connection, ownership structure, and corporate philanthropy in China: a strategic-political perspective [J]. Journal of business ethics, 129 (2): 399-411.

[26] FERRIS S P R H, JAVAKHADZE D, 2016. Friends in the right places: the effect of political connections on corporate merger activity [J]. Journal of corporate finance, 41: 81-102.

[27] HE K, PAN X, TIAN G G, 2017. Political connections, audit opinions, and auditor choice: evidence from the ouster of government officers [J]. Auditing: a journal of practice & theory, 36 (3): 91-114.

[28] FAN J P H T, WONG J, ZHANG T, 2007. Politically connected CEOs, corporate governance, and Post-IPO performance of China's newly partially privatized firms [J]. Journal of financial economics, 84 (2): 330-357.

[29] BERKMAN H, COLE R A, FU L J, 2011. Political connections and minority-shareholder protection: evidence from securities-market regulation in China [J]. Journal of financial and quantitative analysis, 45 (6): 1391-1417.

[30] LI C QIAN, 2013. Principal-principal conflicts under weak institutions: a study of corporate take overs in China [J]. Strategic management journal, 34 (4): 498-508.

[31] FONSEKA M M, et al., 2015. Political connections, ownership structure

and private-equity placement decision：evidence from Chinese listed firms [J]. Applied economics, 47（52）：5648-5666.

[32] XU N, ET A L, 2015. Founder's political connections, second generation involvement, and family firm performance：evidence from China [J]. Journal of corporate finance, 33：243-259.

[32] CHEN C R, ET A L, 2017. Helping hands or grabbing hands? an analysis of political connections and firm value [J]. Journal of banking and finance, 80：71-89.

[33] CAO X, ET A L, 2017. Political capital and CEO entrenchment：evidence from CEO turnover in Chinese non-SOEs [J]. Journal of corporate finance, 42：1-14.

[34] BANERJI S M, M SHABAN, 2018. Political connections, bailout in financial markets and firm value [J]. Journal of corporate finance, 50：388-401.

[35] LIM C Y J W, ZENG C, 2018. China's "mercantilist" government subsidies, the cost of debt and firm performance [J]. Journal of banking and finance, 86：37-52.

[36] 罗党论, 甄丽明, 2008. 民营控制、政治关系与企业融资约束——基于中国民营上市公司的经验证据 [J]. 金融研究（12）：164-178.

[37] 潘红波, 夏新平, 余明桂, 2008. 政府干预、政治关联与地方国有企业并购 [J]. 经济研究（4）：41-52.

[38] 张敏, 黄继承, 2009. 政治关联、多元化与企业风险——来自我国证券市场的经验证据 [J]. 管理世界（7）：156-164.

[39] 潘越, 戴亦一, 李财喜, 2009. 政治关联与财务困境公司的政府补助——来自中国 ST 公司的经验证据 [J]. 南开管理评论, 12（5）：6-17.

[40] 贾明, 张喆, 2010. 高管的政治关联影响公司慈善行为吗？ [J]. 管理世界（4）：99-113＋187.

[41] 余明桂, 回雅甫, 潘红波, 2010. 政治联系、寻租与地方政府财政补

贴有效性 [J]. 经济研究, 45 (3): 65-77.

[42] 戴亦一, 潘越, 冯舒, 2014. 中国企业的慈善捐赠是一种"政治献金"吗?——来自市委书记更替的证据 [J]. 经济研究, 49 (2): 74-86.

[43] 党力, 杨瑞龙, 杨继东, 2015. 反腐败与企业创新:基于政治关联的解释 [J]. 中国工业经济 (7): 146-160.

[44] WEINGAST B R, 1995. The economic role of political institutions: market-preserving federalism and economic development [J]. Journal of law economics & organization, 11 (1):1-31.

[45] QIAN Y, WEINGAST B R, 1996. China's transition to markets: market-preserving federalism, Chinese style [J]. The journal of policy reform, 1 (2): 149-185.

[46] QIAN Y, WEINGAST B R, 1997. Federalism as a commitment to perserving market incentives [J]. The journal of economic perspectives, 11 (4): 83-92.

[47] LI H, ZHOU L A, 2005. Political turnover and economic performance: the incentive role of personnel control in China [J]. Journal of public economics, 89 (9): 1743-1762.

[48] 周黎安, 2007. 中国地方官员的晋升锦标赛模式研究 [J]. 经济研究 (7):36-50.

[49] 周黎安, 2008. 转型中的地方政府:官员激励与治理 [M]. 上海:格致出版社.

[50] 张军, 高远, 2007. 官员任期、异地交流与经济增长——来自省级经验的证据 [J]. 经济研究 (11):91-103.

[51] 王贤彬, 徐现祥, 2008. 地方官员来源、去向、任期与经济增长——来自中国省长省委书记的证据 [J]. 管理世界, 174 (3):16-26.

[52] 王贤彬, 徐现祥, 李郇, 2009. 地方官员更替与经济增长 [J]. 经济学 (季刊), 8 (3):1301-1328.

[53] 徐现祥, 王贤彬, 2010. 晋升激励与经济增长:来自中国省级官员的证

据 [J]. 世界经济（2）:15-36.

[54] 钱先航，曹廷求，李维安，2011. 晋升压力、官员任期与城市商业银行的贷款行为 [J]. 经济研究（12）:72-85.

[55] 徐业坤，钱先航，李维安，2013. 政治不确定性、政治关联与民营企业投资——来自市委书记更替的证据 [J]. 管理世界（5）:116-130.

[56] 干春晖，邹俊，王健，2015. 地方官员任期、企业资源获取与产能过剩 [J]. 中国工业经济（3）:44-56.

[57] 曹春方，马连福，沈小秀，2014. 财政压力、晋升压力、官员任期与地方国企过度投资 [J]. 经济学，13（4）:1415-1436.

[58] 罗党论，赖再洪，2016. 重污染企业投资与地方官员晋升——基于地级市 1999-2010 年数据的经验证据 [J]. 会计研究（4）:42-48.

[59] STIGLER G J，FRIEDLAND C，1962. What can regulators regulate? the case of electricity [J]. Journal of law & economics，5（5）:1-16.

[60] LAFFONT J J，MARTIMORT D，2009. The theory of incentives: the principal-agent model [M]. Princeton:Princeton university press.

[61] 聂辉华，李金波，2006. 政企合谋与经济发展 [J]. 经济学（季刊），6（1）:75-90.

[62] TIROLE J，1986. Procurement and renegotiation [J]. Journal of political economy，94（2）:235-259.

[63] TIROLE J，1992. Collusion and the theory of organizations [J]. Advances in economic theory，2:151-206.

[64] KOFMAN F，LAWARRÉE J，1996. On the optimality of allowing collusion [J]. Journal of public economics，61（3）:383-407.

[65] 聂辉华，张雨潇，2015. 分权，集权与政企合谋 [J]. 世界经济，6（3）:3-21.

[66] 王赛德，潘瑞姣，2010. 中国式分权与政府机构垂直化管理——一个基于任务冲突的多任务委托—代理框架 [J]. 世界经济文汇（1）:92-101.

[67] 尹振东，聂辉华，桂林，2011. 垂直管理与属地管理的选择:政企关

系的视角 [J]. 世界经济文汇（6）:1-10.

[68] SVENSSON J, 2005. Eight questions about corruption [J]. Journal
of economic perspectives, 19（3）:19-42.

[69] GLAESER E L, SAKS R E, 2006. Corruption in America [J]. Journal
of public economics, 90（6-7）:1053-1072.

[70] SHLEIFER A, VISHNY R W, 1993. Corruption [J]. The quarterly
journal of economics, 108（3）:599-617.

[71] MAURO P, 1995. Corruption and growth [J]. The quarterly journal
of economics, 110（3）: 681-712.

[72] 聂辉华, 张彧, 江艇, 2014. 中国地区腐败对企业全要素生产率的影
响 [J]. 中国软科学（5）:37-48.

[73] REINIKKA R, SVENSSON J, 2006. Using micro-surveys to measure
and explain corruption [J]. World Development, 34（2）: 359-370.

[74] OLKEN B A, PANDE R, 2012. Corruption in developing countries
[J]. Annual Review of Economics, 4（1）: 479-509.

[75] 李捷瑜, 黄宇丰, 2010. 转型经济中的贿赂与企业增长 [J]. 经济学
（季刊）, 9（4）:1467-1484.

[76] CAI H, FANG H, XU L C, 2011. Eat, drink, firms, government:
an investigation of corruption from the entertainment and travel costs
of Chinese firms [J]. The journal of law and economics, 54（1）: 55-78.

[77] 黄玖立, 李坤望, 2013. 吃喝、腐败与企业订单 [J]. 经济研究（6）:
71-84.

[78] 徐细雄, 郭仙芝, 2017. 地区官员腐败与企业代理成本——基于中国
上市公司的实证研究 [J]. 重庆大学学报（社会科学版）, 23（3）:
1-10.

[79] 推心置腹！ 习近平给民营企业5颗"定心丸" [EB/OL]. [2016-03-04].
https://news. qq. com/a/20160305/023027. htm? ID＝609il. html.

[80] 王小鲁, 余静文, 樊纲, 2013. 中国分省企业经营环境指数2013年报
告 [M]. 北京: 中信出版社.

［81］倪鹏飞，2012.城市化进程中低收入居民住区发展模式探索［M］.北京：社会科学文献出版社.

［82］何艳玲，2013.中国城市政府公共服务能力评估报告［M］.北京：社会科学文献出版社.

［83］侯惠勤，2013.中国城市基本公共服务力评价［M］.北京：社会科学文献出版社.

后 记

　　新时代，营商环境成为区域经济与民营企业高质量发展的重要维度。 作为浙江省重点专业智库，浙江工商大学浙商研究院一直关注民营经济、关注政商关系的理论与实践进展，助推政商关系的良性发展。 2018 年 3 月 17 日，陈寿灿教授主持的教育部哲学社会科学研究重大课题攻关项目"新型政商关系研究"举行开题报告会，中国伦理学会会长、清华大学文科资深教授万俊人，清华大学政治学系教授景跃进，北京大学政府管理学院教授何增科，浙江大学光华法学院教授郑春燕等专家对新型政商关系研究路线和研究方案进行了深入论证，并明确了包括数据分析等方法的研究进路。 在 2019 年初，我们发布了《浙江省新型政商关系"亲清"指数报告》。 在指数发布会上，研究成果得到了来自清华大学张小劲教授、浙江工商大学苏为华教授，长生鸟有限公司董事长阮华君先生，浙江省超越通信有限公司董事长蒋志雄先生等的肯定与指导。 发布之后，立刻受到浙江省内外的政府部门和学界同人的关注，希望能够看到更为详尽的报告。 为此，我们决定将报告正式出版，更加详尽地展示这一成果。

　　虽然看起来仅仅是一个数据收集和计算的简单过程，但是指数背后的理论推导、指标体系建构、数据收集和计算、研究报告写作、书稿的写作和出版等却远非"简单"二字。 更准确地说，这是浙商研究院政商关系研究团队共同努力的成果。 在理论研究环节，我们主要阐述浙江省政商关系的发展历程，辨析新型政商关系的内涵与特征。　同时，中国人民大学国家发展与战略研究院课题组创建的政商关系健康指数评价体系也给了我们很大的启发。　在数据收集环节，我们主要从服务力、支持力、民营企业活跃度、政府亲近感知度 4 个方面分析浙江省新型政商关系的"亲近"程度；从政府廉洁度、政府透明度、政府廉洁感知度 3 个层面分析浙江省新型政商关系的"清白"程度。在指标计算环节，重点说明新型政商关系指标体系构建的方法、过程和总体指数排名，并对浙江省典型城市新型政商关系"亲清"指数进行评估。　在指数研究的基础上，研究团队进一步完成了书稿写作。　本书的具体分工如下：陈寿灿负责全书的框架设计工作；朱发仓负责指数体系构建与计算工作；陈寿灿、陈新负责第一章的撰写工作；李元祯负责第二章的撰写工作；朱发仓、舒莉负责第三章的撰写工作；裘益政、吴波、朱发仓负责第四章的撰写工作；骆梅英、徐越倩、陈芷汀负责第五章的撰写工作；吴波、徐越倩、裘益政负责第六章的撰写工作；徐越倩负责全书统稿和校对工作。　此外，李拓、徐铭、顾强、方璐、杨步韵、叶书洁、马佳莹等研究生也在文献整理、数据分析等方面做了许多基础工作。

　　浙江工商大学人文社科处对本项目的实施给予了指导和帮助，浙江工商大学出版社为本书的出版提供大力支持，在此一并致谢。

浙江工商大学政商关系研究团队

2019 年 10 月 12 日